希望の源泉 池田思想 6

——『法華経の智慧』を読む

佐藤優

第三文明社

まえがき

『希望の源泉・池田思想――「法華経の智慧《ちえ》」を読む』の第一巻が刊行されたのが二〇一九年六月だから、あれから四年がたった。この仕事は知的にも宗教的にも刺激に富んでいるので、私には優先度が高い。

それに加え、おそらく法華経について勉強していることが、私の生命にも影響する不思議な体験をしたので、お伝えしたい。

私は、今年（二〇二三年）六月二十七日に東京女子医科大学病院（以下、女子医大）で腎臓移植手術を受けた。手術は成功した。腎移植には、健康な親族が腎臓を提供する生体腎移植と脳死または心肺停止後の他人からの献腎移植がある。私の場合は生体腎移植でドナーは妻だ。術後の妻の状態も良好で、入院五日目に退院した。

手術中に私はこんな体験をした。腎移植手術は全身麻酔で行われる。去年三月十日に前立腺全摘《ぜんてき》手術をしたのに続いて二回目だ。前回は麻酔のガスを吸った瞬間にブラックアウトして、手術の間の記憶はまったくない。今回は違う。数回深呼吸して、手術室の時計が午前九時二十二分を指すところまでは明確に記憶がある。その後、「佐藤さん、終わりましたよ」と声をかけられたので目を覚ますと時計は午後三時七分を指していた。

その間、私は別の世界を旅していた。過去の人生であったすべての出来事の記憶が解凍されてよみがえってきた。幼稚園のころ、両親と妹と家の側の見沼《みぬま》代用水東縁《ひがしべり》（埼玉県さいたま市）に遊びに行ったこと、同志社大学神学部でのゼミや学生運動の記憶、モスクワでエリツィン側近のブルブリス元国務長官と秘密の話をしたときの情景が浮かんできた。浮かんできた登場人物が話し始めるのである。その内容がいずれもはっきり記憶に残っている。

さらに宗教的にも不思議な出来事があった。キリスト教の「主の祈り」（天にましますわれらの父よ、願わくは御名《みな》をあがめさせたまえ［以下略］）が聞こえてきた。私は日本基督《キリスト》教団に所属するプロテスタントのキリスト教徒だから、大きな手術の最中に「主の祈り」が聞こえてくるのは想定内だ。ただし、その直後に実に不思議なことがあった。「南無妙法蓮華経」「南無妙法蓮華経」「南無妙法蓮華経」という題目がゆっくりした声で三度聞こえてきた。男性の低い声だ。私の手術中、多くの創価学会員が題目を送ってくださった。その誠意に私の心が感応したのだと思う。題目が聞こえてきた後、知り合いの創価学会の人たちがたくさん出てきた。その一人一人が話し始めるのだ。この体験を通じて、過去に創価学会メンバーと話をした記憶が鮮明によみがえってきた。

その後七月三日に腹膜の縫合部が破れ、血液に菌が入り菌血症《きんけつしょう》（放置しておくと敗血症《はいけつしょう》になり高い確率で死亡する）を起こし、少し後で腸閉塞《へいそく》（これも死亡のリスクがある）になり、同月十四日に緊急開腹手術をするなど命に関わる危機もあったが、克服することができた。女子医大の医療チームが優れていて先手を打ってくれたこともあるが、同時にキリスト教徒の友人たちと創価学会の友人たちの祈りがあったから、私は生き延びることができたのだと思う。

手術中に聞こえてきた題目が私の生命力を明らかに強化した。『希望の源泉・池田思想――「法華経の智慧」を読む』で展開している内容が、私の実体験においても確認された。創価学会メンバーの深い信心に敬意を表するとともに感謝の意を表明する。本当にありがとうございます。

本書に収録された内容には、さまざまな議論を巻き起こしたものがある。とりわけ、私が選挙には功徳《くどく》があるという認識を述べたことをめぐってだ。

〈――そういえば、本書で佐藤さんが言われた、「選挙支援活動に功徳があること は、むしろ当然」（第一章）というお話には、読者から大きな反響がありました。

佐藤　選挙支援に功徳があるのは、当然の話です。

日蓮大聖人の「一生成仏抄《いっしょうじょうぶつしょう》」に、「仏の名《みな》を唱え、経巻《きょうがん》をよ《読》み、花をち《散》らし、香をひ《拈》ねるまでも、皆、我が一念に納めたる功徳・善根《ぜんこん》なり」（新版三一七ページ・全集三八三ページ）という有名な一節があります。〝仏壇に花を供えたり、線香を焚《た》いたりするだけでも功徳がある〟というのです。言い換えれば、〝仏を敬い、人を仏道に向かわしむる行為〟には、小さなことでもすべて功徳があるわけです。それなのになぜ、生活から政治だけを切り離して〝選挙支援には功徳がない〟ということになるのでしょう？　そういう考え方のほうが論理的におかしいでしょう。そもそも学会員さんの皆さんがこれほど長期にわたって懸命に支援活動をしている背景には、「功徳がある」と実感していることもあるのだと思います。結局、「選挙支援に功徳がある」と言いにくかったのは、「羹《あつもの》に懲《こ》りて膾《なます》を吹く」ような〝行き過ぎた政教分離〟が理由であるにすぎません〉（本書七一～七二ページ）

創価学会メンバーの圧倒的大多数が公明党を応援している。それは公明党が創価学会と生命尊重、人間主義、平和主義などの基本的価値観を共有しているからだ。公明党を応援することで、世俗的な言語を用いるならば福祉が増進され、平和が強化されるのだ。これを宗教的言語で表現するならば功徳なのである。そして功徳が人間に歓喜をもたらすのだ。この論理連関がわかっているから、私は選挙支援に功徳があると堂々と述べているのである。

二〇二三年八月一日、退院三日後、曙橋（東京都新宿区）の自宅にて　　佐藤優

希望の源泉・池田思想

――『法華経の智慧』を読む　6

目次

一、本書は、月刊誌『第三文明』に連載された「希望の源泉――池田思想を読み解く」（第六十一回・二〇二一年八月号～第七十二回・二〇二二年七月号）を加筆・修正し収録したものです。

一、本書では『法華経の智慧――二十一世紀の宗教を語る』（池田大作、聖教新聞社）下巻の「分別功徳品」（第十七章）～「如来神力品」（第二十一章）を取り上げています。

一、『法華経の智慧』からの引用は「普及版」（上中下の全三巻）に基づき、（〇巻〇〇ページ）と表記しました。

一、御書の引用は、『日蓮大聖人御書全集　新版』（創価学会）に基づきました。ただし、引用文中の御書の御文は原典通りに記載しました。

一、御書の引用に際して、『日蓮大聖人御書全集　新版』のページ数と『日蓮大聖人御書全集』（創価学会版、第二七八刷）のページ数を併記し、（新版〇〇ページ・全集〇〇ページ）と表記しました。

一、肩書、日時等は、連載時点のままにしました。

一、引用文中の編集部による注は（＝　）内に示しました。

装幀・本文デザイン　株式会社藤原デザイン事務所
帯写真　柴田篤
聞き手　『第三文明』編集部

1

「功徳」とは自己の生命から湧出するもの

功徳は「与えられるもの」ではない

――池田大作SGI（創価学会インタナショナル）会長の『法華経の智慧《ちえ》』をめぐる語らい、いよいよ「普及版」の最終巻である「下巻」に入っていきます。まずは「分別《ふんべつ》功徳品《くどくほん》」についての章を読み解いていただきます。

佐藤　「分別功徳品」の次は「随喜《ずいき》功徳品」、その次は「法師《ほっし》功徳品」と、「功徳」の語が冠された章が三つ続きますね。そのことから私は漆塗《うるしぬ》りのプロセスを連想しました。

――と、おっしゃいますと？

佐藤　「漆器《しっき》」を作る漆塗りの特徴は、丹念な重ね塗りにあります。塗りを重ねるからこそ、漆器には美しい艶《つや》と光沢《こうたく》が生まれるのです。同じように、法華経に「功徳」という言葉を冠した章が三つ続くことも〝漆塗り方式〟なのでしょう。功徳は釈尊《しゃくそん》にとって、それほど繰り返し説法し、何としても理解させたかった重要テーマなのだと思います。

――なるほど。

佐藤　そして、「分別功徳品」「随喜功徳品」「法師功徳品」の三章について、池田会長は次のように言われています。

「全部、妙法の功徳が説かれている。なかんずく、妙法を弘《ひろ》める大功徳が説かれている。『広宣流布《こうせんるふ》に戦う人』の生活、人生は、どうなっていくのか。それが説かれている。その意味で、現代において、これらの経文《きょうもん》を実感できるのは、私どもをおいてない」（下巻一一ページ）

池田会長の強い自負《じふ》と確信がほとばしるような一節です。

――池田会長は『法華経の智慧』の序盤でも、「これまで歴史上、どれほど世界の多くの人々が法華経を学び、読誦《どくじゅ》してきたか計り知れない。しかし、私どもこそが、法華経の本義を生きているのです。その栄光と誇りを自覚したい」（上巻一二三ページ）と語っていました。

佐藤　「知識は実践されなければ価値がない」という、チェーホフ（ロシアの劇作家・小説家）の言葉があります。同様に、〝法華経の智慧は、それを実践して生きてこそ、真の智慧となる〟と、池田会長は捉《とら》えておられるのでしょう。世に法華経を学んでいる人は多くても、現代において「法華経の本義を生きている」のは学会員だけだ、と。功徳を実感できるのが学会員だけだとしたら、そもそも功徳とは何なのか。一般的には、功徳は「ご利益《りやく》」と同義に捉えられているでしょう。つまり、〝信仰の見返りとして、神仏から人間に与えられる恵み〟というニュアンスです。しかし、実はそうではないということが、この章では論じられています。創価学会の功徳観が語られた章と言えるでしょう。

池田会長はそのなかでこう語っています。

「善の『行動』そのものに『功徳』は備わっている。

決して、他から与えられるものではない。自分自身の生命の中から、自分自身の行動によって、泉のごとく滾々《こんこん》と湧いてくる。ほとばしって出てくる。それが『功徳』です。(中略)

日蓮大聖人は、『六根清浄《ろっこんしょうじょう》』によって『功徳』はあると言われている。『六根(眼《げん》根・耳《に》根・鼻《び》根・舌《ぜっ》根・身《しん》根・意《い》根)』が『清浄』になるとは、我が生命の浄化です。『人

間革命』であり、『宿命転換』です。（中略）『成仏《じょうぶつ》する』すなわち『人間革命する』こと以上の大功徳はない。生活上のさまざまな功徳も、自分自身の生命が、浄化された分だけ、依正不二《えしょうふに》で、さまざまな幸福の現象として現れてくるのです」（下巻一二～一三ページ）

これは、功徳をご利益と同じイメージで捉えていた人にとっては、目の覚めるような功徳観でしょう。功徳は与えられるものではなく、広宣流布のために戦って生命が浄化された結果、自分のなかから湧出《ゆじゅつ》するものであり、「人間革命」それ自体が大功徳だというのですから。

罰論から功徳論へ

佐藤　また、功徳の説明として、「さまざまな幸福の現象として現れてくる」と言われている点は、創価学会らしいと思います。というのも、この説明のなかには、精神的利益と物質的利益が共に包含《ほうがん》されているからです。

例えば、貧しさから抜け出すことも、もちろん功徳の一つでしょう。一方、心の不安が消え、毎日明るい気分で暮らせるなどという精神的利益も、当然功徳の一つです。学会はどちらの面も重んじています。しかしそのうえで、功徳を「他から与えられるもの」としては捉えず、自己浄化の結果として捉えるのです。

――精神的利益と物質的利益の両面のうち、戦後間もないころには、物質的な功徳のほうが強調されていたと思います。その時代には貧しい人が多く、物質的利益のほうがより強く求められていたからです。しかし、日本社会が豊かになるにつれ、次第に精神的利益の側面も強調されるようになっていきました。

佐藤　私もそう思います。そのように時代状況に応じて臨機応変《りんきおうへん》に強調点を変えられるのも、学会の強さの一つでしょう。強調点は変えたとしても、教義を変えたわけではありません。学会はもともと現世利益を否定していないのですから。功徳と現世利益の関係については、この章でも次のように論じられています。

「**仏法では、釈尊以来、『利』を否定したことは一度もありません。『功徳』を積むことをつねに奨励《しょうれい》してきたのが仏法です。（中略）もちろん仏法の『功徳』は、目に見える『現世利益』だけのことではありません。しかし、それを否定することは、宗教を実生活から離れた『観念の遊戯《ゆうぎ》』にしてしまう。または、現実生活を向上させる力をもたない『力なき宗教』の弁解になってしまうのではないでしょうか**」（下巻一五～一六ページ）

とても重要な指摘と思います。そして、臨機応変に強調点を変えるという点を敷衍《ふえん》して言うなら、牧口常三郎《つねさぶろう》初代会長→戸田城聖《じょうせい》第二代会長→池田大作第三代会長と代替わりするにつれて、罰論《ばちろん》から功徳論へのシフトが進んできたように私は感じています。

――どういうことでしょう。

佐藤　一神教における「神罰」とは違って、創価学会における罰は、超越的存在者から裁かれるものではありません。宇宙の普遍的法則に反した結果として起きる現象が罰であり、法則に合致した生活の結果として起きる現象が功徳なのです。だとすれば、罰と功徳は同じコインの両面のようなものですね。

ただし、創価学会としてどちらの面を強調するかは、時代に応じて変わってきました。牧口初代会長の時代が最も罰論が強調され、戦後の戸田会長の時代には罰論が薄れて功徳のほうが強調され始めた。そして、池田会長の時代になると、罰論はあまり語られず、功徳論が強調されるようになった……そんな印象を私は抱《いだ》いているのです。

牧口初代会長の時代は、日本が戦争へと向かう時代であり、会長自身が命に及ぶ弾圧を受けた厳しい〝危機の時代〟でした。そのような時代には、罰論を強調しなければならない必然性があったのでしょう。

そして、罰と功徳がコインの両面であるように、功徳の精神的利益と物質的利益は、どちらも大切なのだと思います。創価学会が二つとも重んじてきたことは、仏教の中《ちゅう》道《どう》精神にもかなっています。しかし一方で、一部の知識人や宗教者に、現世利益を説くことそれ自体を〝低級な宗教の証《あか》し〟であるかのように言う偏見《へんけん》があることは、抜き難《がた》い事実です。池田会長はその点を、主観と客観の関係から捉え直し、次のように指摘しています。

「宗教を『主観』の世界のことだけと見る偏見があることは、たしかでしょう。しかし、仏法は『生命の法』であるゆえに『生活法』なのです。人生は、主観視すれば『我が生命』であり、客観視すれば『我が生活』です。どちらか一方ではない。主観に偏《かたよ》れば唯心論《ゆいしんろん》的になるし、客観に偏れば唯物論《ゆいぶつろん》的になる。どちらにも偏らず、『我が生命』を浄化し、強化して、『我が生活』を向上させていくのが仏法です。

また『我が生活』の改善をもって、『我が生命』の向上の証明とするのです」（下巻一六ページ）

選挙支援と功徳

佐藤　それから、功徳について、私がもう一つ感じていることがあります。それは、〝選挙における支援活動には功徳がある〟と、もっとはっきり言ってもいいのではないかということです。今年（二〇二一年）は東京都議選から衆議院議員総選挙へと続く〝選挙イヤー〟でもありますから、なおさらそう思います。

――佐藤さんがよく言われる、「行き過ぎた政教分離」がそこにもあるのかもしれませんね。

佐藤　はい。創価学会はかつて散々〝政教一致批判〟という不当な攻撃をされ、そのことで公明党と創価学会を必要以上に切り離して語ってきました。

例えば、かつては公明党の公刊物において、池田会長が創立者であることに言及しない傾向がありました。その結果、外部の人間から見ると、あたかも公明党と創価学会の関係を〝隠している〟かのように見えてしまった。それが私の言う「行き過ぎた政教分離」です。

ただ、その点は、公明党が山口那津男《なつお》代表になってから是正《ぜせい》されてきました。二〇一四年刊の党史『公明党50年の歩み』の口絵に、結党当時の池田会長の写真が載ったことが象徴的です。

しかし、「支援活動に功徳がある」とは、まだなかなか大っぴらには言いにくいようです。

言うまでもなく、政治に関わることは「現世」を変革することです。先ほど述べたとおり、宗教が現世利益を追求すること自体は、何ら否定すべきことではありません。むしろ、現実を変える力となってこそ真の宗教と言えます。

そして、創価学会は個々人の現世利益だけを追求しているわけではありません。永遠の生命を信じ、世界平和や世界の人々の幸福を強く希求してもいるのです。公明党に対する支援活動もその一環で、政治を通じて民衆の幸福を追求し、同時に自《みずか》らの幸福も願っての活動なのです。

「功徳」と一口に言っても、そこには精神的利益と物質的利益、公的功徳と私的功徳の両面があると思います。だからこそ、「支援活動には功徳がある」と主張することは、何ら恥ずかしいことでも後ろめたいことでもない。堂々と言ってよいことです。

もちろん、日本国憲法の政教分離原則にも抵触《ていしょく》しません。

『法華経の智慧』の今回学ぶ章では、功徳とは弘教《ぐきょう》の功徳であることが繰り返し強調されています。例えば、池田会長は次のように語っています。

「戸田先生はよく『私が受けた大功徳をこの講堂いっぱいとすれば、諸君の言っている功徳は小指の先くらいのものだ』と言われていた。

広宣流布のために牢獄《ろうごく》まで行って、牧口先生とともに迫害《はくがい》を一身に受けた。その『行動』の結果です。大聖人は『悪を滅するを功《く》と云《い》い善を生ずるを徳と云うなり』(新版一〇六二ページ・全集七六二ページ)とも言われている。

自分自身の生命の『悪』をなくし、『善』を生みだしていくのが『功徳』です。そうなるためには、折伏《しゃくぶく》です。折伏とは『悪』を破折《はしゃく》して、『善』に伏せしめることで

す」（下巻一三ページ）

選挙支援活動はもちろん折伏とは違いますが、ここに書かれた功徳を生む条件にそっくり当てはまることがわかります。それは政界の悪《あ》しき勢力と戦い、支援を訴える相手の偏見を破折する勇気が必要とされる行動であり、同時に自らの生命を浄化していくことでもあるからです。悪と戦わない限り、自分のなかの悪も浄化することができない――池田会長がそのような趣旨のことをしばしば語られるとおりです。

自分の背中を自分では見られないように、自分のなかの悪はなかなか自覚できないものです。眼前の悪と戦うことによって、初めて自分のなかの悪も自覚できる。だからこそ、支援活動を通じて政界の悪と戦うことは、生命のなかの悪を浄化することにつながるのです。

以上のように考えてみれば、選挙支援活動に功徳があることは、むしろ当然と言えるのではないでしょうか。

――選挙支援イコール弘教ではないにせよ、支援を訴える対話がきっかけとなって、結果的に弘教に結びつくことは、しばしばあるようです。

佐藤　先ほど、「『人間革命する』こと以上の大功徳はない」という一節を引用しましたが、まさに〝人間革命による生命浄化の輪〟を、社会に広げていくための戦いが公明党支援の本質なのでしょう。

一九五〇年代に創価学会が初めて国政選挙に打って出たとき、そのためのセクションを戸田会長は「文化部」と名づけました。「創価学会政治部」としたほうが自然のように見えるのに、なぜ「文化部」だったのか。これは私の推察ですが、〝政治という狭い枠にとどまる戦いではなく、日本の文化土壌を根底から変える戦いである〟という認識が、戸田会長にはあったのではないでしょうか。言い換えれば、まさに〝人間革命による生命の浄化〟です。文化部が発展して生まれた政党を池田会長が「公明党」と命名されたのも、そのことが念頭にあったからではないかと思うのです。だからこそ、「公明正大」の「公明」という、政界浄化をイメージさせる名が選ばれたのでしょう。

ともあれ、創価学会の会合などでも、もっと選挙支援で得た功徳の体験について語り合うほうがよいのではないかと私は思います。それは支援の勢いを増すことにも結びつくでしょう。

何のための「利」の重視か

佐藤　この章全体が、「創価学会は現世利益を説くから、宗教として低級である」という、浅薄《せんぱく》な批判に対する根源的な反論にもなっています。創価学会がなぜ現世利益を重んじるのか、そもそも学会にとっての「利」とは何かということが、本質的次元から論じられているのです。例えば、次のようなくだりがあります。

「功徳とは、現代的に言えば、『価値』であり『価値創造』ということです。価値の内容は『美』『利』『善』です。その反対（反価値）は『醜《しゅう》』『害（損《そん》）』『悪』です。人間の生活は、だれもが、これらの『価値』をめざして生きているのではないだろう

か。（中略）

そもそも功徳の『功』は『功《こう》』とも読み、『幸』のことです。また『徳』は『得』のことです」（下巻一五ページ）

これはもちろん、牧口初代会長の『価値論』を踏《ふ》まえた言葉です。カントの説いた「真善美」、その原型となったプラトンの「イデア論」の「美にして善なるもの」の概念とは異なり、牧口会長は「利」を重視しました。そのことが誤解されている面があります。「真善美」の高邁《こうまい》さに対して、利を重視する牧口会長の哲学は通俗的で低級だという誤解です。しかし私は、利の価値を重視することが低級だとはまったく思いません。

ゲンナジー・ブルブリスというロシアの政治家がいます。エリツィン政権の国務長官も務めた人ですが、この人は政治家になる前は哲学者でした。ウラル大学の助教授を務めていたのです。このブルブリスは、カント的な「真善美」の価値体系には欠落しているものがあるとして、「利」の価値を重んじる人です。つまり、プラグマティズム（実用主義）の立場ですね。

ゲンジナー・ブルブリス（1992年撮影）（Sputnik／共同通信イメージズ）

そして、彼はエリツィンの右腕として、ソ連崩壊後のロシアに市場経済を定着させていったのです。民衆の幸福につながるように社会を改造するためにはそれが絶対必要だという、自らの「利」の価値観に基づいてのことです。

――牧口会長が日蓮仏法に帰依《きえ》した背景にも、〝人生の目的は幸福であり、幸福を得るためには「利」という価値は外せない。そして、自らが主体的に幸福を獲得するには生命力が不可欠である〟と考えたことがあったようです。

佐藤　牧口会長の哲学について、「当時流行していた新カント派の影響を受けたのだろう」という整理をする人が見受けられます。一方では、「生活者の哲学」という側面から、アメリカのデューイや二宮尊徳《にのみやそんとく》らの「実学」の系譜《けいふ》に位置づける見方もあります。

しかし私は、どちらの見方も一面的で、こぼれ落ちるものが大きすぎると感じます。牧口会長の哲学には、新カント派や実学の枠には収まらない独創性があるのです。収まらない部分にあるのはやはり宗教性で、日蓮仏法を二十世紀に蘇生《そせい》させたということだと思います。牧口会長の哲学の根幹にあるのは、教育者としての人間愛であり、その一点で日蓮仏法に共鳴したのです。

牧口会長が「利」の価値を重視するからといって、「しょせん通俗哲学だ」とか、「低級な現世利益主義だ」と捉えて軽《かろ》んじるのは、それこそ通俗的な見方でしょう。何のための「利」の重視だったのかが問われないといけない。

それはまさに民衆の幸福のためでした。牧口会長は、真善美だけでは民衆を幸福にできないと考えたからこそ、美利善を価値の内容とする『価値論』を打ち立てたのです。

この章で提示される功徳観は、そのように、牧口会長の哲学の根幹に目を向けさせる深い内容だと思います。

2

幸福と煩悩の関係を法華経から考える

都議選の大逆転勝利が示すもの

――本題に入る前に、さる（二〇二一年）七月四日に行われた東京都議会議員選挙の結果について、佐藤さんがお感じになったことを教えてください。

佐藤　報道を見ると、「与党（自公）、過半数に届かず」という点ばかりが強調されていて、強い違和感を覚えました。

今回の都議選は「与党が負けた」のではなく、自民党が一人負けしたんです。公明党についてだけ見れば、惨敗《ざんぱい》するという事前予想も多かったなか、二十三人の候補が全員当選したわけで、誰が見ても完勝です。それをあえて「与党の敗北」というフレーム（枠組み）に押し込めようとするメディアの悪意を感じましたね。

また、負けたのはあくまで都議会自民党であって、「菅《すが》（義偉《よしひで》）政権の敗北」として捉《とら》えるのは行き過ぎだと思います。都議選の結果が菅政権に対する「ノー」であるなら、連立パートナーの公明党も議席を減らしていなければおかしいのですから。そこは都政と国政を立て分けて考えないといけません。

それと、やはり惨敗予想を覆《くつがえ》して善戦した「都民ファーストの会」にしても、創設者の小池百合子《ゆりこ》都知事を含めて元自民党の議員も多く、大枠で言えば〝自民党側〟です。その意味で、「与党側にノーが突きつけられ、野党が躍進した都議選」という見方は、本質を見誤っているというより、ミスリーディングだと思います。

今回の都議選でもう一つ感じたのは、日本共産党が本気で政権交代を狙《ねら》ってきているという必死さです。私は『しんぶん赤旗』（日本共産党機関紙）も常にチェックしていますが、最近、『赤旗』の創価学会報道が変質してきています。例えば、六月には、創価学会の幹部人事について、揶揄《やゆ》的な臆測《おくそく》記事を載せました。政党機関紙が宗教団体の人事に口を挟むという、これまであまり見られなかったタイプの記事です。

――共産党が創価学会攻撃を強めてきているのですね。

佐藤　そうです。今の共産党の動きの表側は「権力奪取《だっしゅ》のために野党共闘を強化する」ということですが、裏側は「創価学会を攻撃し、公明党支援の勢いを削《そ》ぐ」ということです。二つは政権奪取のための表裏一体の動きと言えます。つまり、野党共闘だけでは政権交代が実現できそうにないから、一方で創価学会の支援力を弱めようとしているわけです。

昨年（二〇二〇年）一月の党大会で採択された「日本共産党綱領《こうりょう》」を見ると、日本国憲法についての記述のなかに、「政教分離の原則の徹底をはかる」という一節があ

都議選　党派別当選者数　2021年7月4日投開票

	当選者数	立候補者数	選挙前（欠員1）
都民ファ	31	47	45
自民	33	60	25
公明	23	23	23
共産	19	31	18
立民	15	28	8
維新	1	13	1
ネット	1	3	1
国民	0	4	0
れいわ	0	3	0
嵐の党	0	2	0
諸派・無所属	4	57	5
計	127	271	126

※「都民ファ」は都民ファーストの会、「ネット」は東京・生活者ネットワーク

ります。しかしその一方で、共産党が目指す社会について述べたくだりでは、そこで保障される自由として「思想・信条の自由」「政治活動の自由」は挙げているものの、「信教の自由」は入っていません。これは、おそらく偶然ではない。共産党は今、かつての「言論問題」のころのように、創価学会・公明党に対する〝政教一体〟批判を強めようとしているのだと思います。言い換えれば、共産党は公明党に〝価値観戦争〟を仕掛けてきているのです。

私の見立てを裏付ける事例として、都議選投票日直前の七月一日付の『赤旗』の報道が挙げられます。《「公明」「聖教」この一

体ぶり 選挙紙面ウリ二つ》との見出しで、公明党と創価学会を批判する記事が載ったのです。つまり、〝『公明新聞』と『聖教新聞』の選挙報道はそっくりだ。これこそ政教一体の証拠だ〟というわけです。

この例が示すように、共産党は〝厳格な政教分離を〟という大義名分のもと、創価学会攻撃を強めているのです。もちろん、創価学会の公明党支援が憲法の政教分離原則に抵触《ていしょく》しないことは言うまでもないことです。

さらに、『赤旗』には、〝今まで公明党を支持してきたが、共産党支持に変わった〟という学会員や元学会員らの〝体験談〟記事も増えています。これも従来なかった傾向です。

そうしたことを総合的に考えると、共産党はこれまで以上に本気で政権交代を狙っているし、なりふり構わぬ創価学会攻撃に出てきています。創価学会の皆さんは、そのことをしっかり認識しておく必要があるでしょう。

先の都議選では、それほど本気になって戦っても、共産党は公明党に勝てませんでした。候補者三十一人のうち十二人が落選しましたし、議席数も前回（二〇一七年）

と同じ十九議席にとどまったのです。下馬評を覆して二十三人全員当選を果たした公明党との勝敗は明らかでしょう。

そのことによって、今後共産党側が学会攻撃を加速させることも十分考えられます。共産党は現在、党員数が三十万人に満たず、創価学会に比べれば少ないですが、その底力を侮《あなど》ってはいけません。

師弟不二という結論への出発点

――さて、それでは本題に入ります。前回に続いて、「分別功徳品《ふんべつくどくほん》」についての章を読み解いていただきます。

佐藤　読んでいて、この章から師弟不二《していふに》についての言及が目立ってきたという印象を受けました。例えば、「師子吼《ししく》」という言葉を解説した次のようなくだりがあります。

「『師子吼』とは、『師』とは師匠、『子』とは弟子。師とともに叫びきっていくという師弟不二です。これが本来の折伏《しゃくぶく》です」（下巻三〇ページ）

――実は『法華経の智慧《ちえ》』全体の結論も、〝法華経とは師弟不二の経典であり、何よりも大事なのは師弟不二である〟というものです。この分別功徳品の章は、師弟不二という結論に向けて本格的スタートが切られる章と言えます。

佐藤　なるほど、そういう位置づけなのですね。それから、次のような一節もあります。

「寿量品《じゅりょうほん》の山頂から見た光景は何であったか。

それは、久遠元初《くおんがんじょ》以来、常住《じょうじゅう》の本仏が、休むことなく不断に一切衆生《しゅじょう》を救う活動をなされている。自分自身も、かつてその化導《けどう》を受けた。『大宇宙と一体の仏』と自分とは、本来は師弟一体であった。その『我が生命の真実』を思い出したのです。

自分がどこから来て、どこへ行くのか、自分が何者なのか。それを思い出した」（下

巻二四〜二五ページ）

これは、日蓮仏法における成仏《じょうぶつ》のあり方を示した「等覚一転名字妙覚《とうかくいってんみょうじみょうかく》」という法門の解説として語られた部分です。

――菩薩《ぼさつ》は成仏までに五十二の段階を踏《ふ》むとされていて、「等覚」は最高位から二番目の段階、「妙覚」は最高位の悟《さと》りです。間にある「名字」は、五十二の段階よりさらに低い、「名字即《そく》」という〝初めて信仰に入った段階〟を指します。

修行を続けて成仏一歩手前の「等覚」に至ったとき、一転して「名字即」の段階に戻り、そこで「妙覚」の悟りを得るというのが、「等覚一転名字妙覚」です。

佐藤　要するに、成仏は高い境地のようでいて、実は最も素朴《そぼく》な信仰とともにあるということですね。そして、〝等覚から妙覚に至るための鍵は師弟不二にある〟というのが、ここで池田会長が示された「等覚一転名字妙覚」の解釈なのでしょう。

「自分がどこから来て、どこへ行くのか、自分が何者なのか。それを思い出した」という一節は、修行の最後の段階で師弟不二という原点を思い出し、そのことによって成仏するということだと思います。

そこで私が思い出したのは、キリスト教における「神はわれらとともにある」という言葉です。これはヘブライ語では「インマヌエル」と言い、「イマヌエル」という人名の由来にもなっています。日蓮仏法に置き換えれば、「師はわれとともにある」というニュアンスになるでしょうか。生命の奥底《おうてい》で師弟一体であることを「思い出し」、覚知するために成仏を目指す修行をする、と。

「文底」まで読み込む池田会長

佐藤　この章には、池田会長の次のような発言もあります。

「信濃町《しなのまち》の駅まで連れてくれば、あとは教えなくても学会本部には行ける（笑い）。いわんや、一度本部に行ったことのある人なら、なおさらです。思い出せばいいので

す」（下巻二五ページ）

これは直接には、「等覚」に至った菩薩が「師弟一体」の自分を思い出して成仏することを例えたものです。ただ、もしかしたら、現在信濃町に立つ「広宣流布大誓堂《こうせんるふだいせいどう》」の構想が池田会長の心中にはすでにあって、そのことがひそかにこの一節に含意《がんい》されていたのではないでしょうか？　もちろん私の勝手な深読みにすぎませんが……。外部の人間であるからこそ、私はある程度自由な深読みができます。時にはそれが的を射ることもあるかと思うので、この本ではあえて随所で深読みを披露《ひろう》しています。

古代キリスト教神学においても、聖書をあくまでも字義通りに読んでいく「アンティオキア学派」と、寓意《ぐうい》的・比喩《ひゆ》的に解釈していく「アレクサンドリア学派」がありました。この『法華経の智慧』においても、時にはアレクサンドリア学派的に、寓意的に深読みしてもよいのではないかと思います。

――池田会長の法華経解釈も融通無碍《ゆうずうむげ》で、寓意的な深読みをしている部分も多々あるように感じます。

佐藤　池田会長による独創的で自在な法華経解釈は、この章に限ってもいくつも見られますね。例えば、

「『仏（妙覚）』とは決して、安住の『ゴール』ではなかった。『名字の凡夫《ぼんぷ》』即『妙覚』こそが真実であった。成仏の本因《ほんいん》に住して『戦い続ける』その境涯《きょうがい》こそが『仏』であった。その真実が分かったのです。あえて要約して言えば、そういうことになるでしょう」（下巻二五ページ）

この言葉のすぐあとで、対談者である当時の教学部長が、「寿量品の文上《もんじょう》では、そういうことは、はっきり説かれていません」とつけ加えています。つまり、これは池田会長ならではの解釈であるわけです。

また、この章の結論部分にある次の一節も、「分別功徳品」の経文《きょうもん》それ自体に直接出てくる言葉ではありません。

「唱題《しょうだい》できることが、弘教《ぐきょう》できることが、広宣流布に働けること自体が、最高の『功徳』なのです。（中略）

『広宣流布に生きぬく人生こそ最高だ』と、明らかに分別していく――そう覚悟していく智慧を、分別功徳品は教えているのです」（下巻三六ページ）

このように、池田会長の境涯から、法華経の文上には表れていない「文底《もんてい》」まで読み込んでいった書物が、『法華経の智慧』なのだと思います。

「正しい怒り」とは何か？

佐藤　それから、この章のなかの池田会長の次の言葉に、私は強い印象を受けました。

「『怒りを抑えよ』と説かず、悪に対しては激怒して戦えというのが法華経です。『御義口伝《おんぎくでん》』には『三毒《さんどく》の煩悩《ぼんのう》を此の品（＝分別功徳品）の時其《そ》の儘《まま》妙法の功徳なりと分別するなり』（新版一一一四ページ・全集七九九ページ）と仰せです。『貪《とん》・瞋《じん》・癡《ち》の三毒を捨てよ』というのでは偽善者をつくってしまう。

また末法の巨大な悪にとって、こんな都合のいい民衆はない。おとなしく、無力に、

翻弄《ほんろう》されるだけの民衆であってはならない。

大いに怒れ、大いに情熱を燃やしていけ、妙法を根本とすれば、すべてが価値創造のエネルギーに変わるのだ。これが法華経の哲学です」（下巻一七〜一八ページ）

これは実に池田会長らしい言葉だと思いました。一般に、仏教は〝怒りを鎮《しず》める宗教〟というイメージで捉えられています。仏像の多くは静かな微笑《ほほえ》みを浮かべる姿で描《えが》かれていますし、僧侶《そうりょ》が著者となった自己啓発書には、怒りを鎮めるアンガーマネジメントが説かれたものが目立ちます。要するに、〝怒ることは悟りから遠い姿〟という先入観があるのでしょう。怒りを象徴する境涯が「地獄界」であったり、「修羅《しゅら》界」であったりするため、悟りとはほど遠いと感じるからかもしれません。

それに対して、法華経においては「十界互具《じっかいごぐ》」が説かれますから、怒りは修羅界の発露《はつろ》とは限りません。菩薩界の怒り、仏界の怒りもあるわけです。だからこそ、法華経、ひいては創価学会では怒りを否定しません。怒りをただ鎮めようとするのではなく、悪に対する正義の怒りであれば大いに燃やせ、悪と戦えと説くのです。

――ただ、近年、「正義の怒り」に疑問符がつけられるケースも増えました。というのも、ネットを主舞台に、不倫に走った芸能人など、問題を起こした人物に対する度を越した攻撃がなされることが多く、攻撃者がそれを正義の行使だと思い込む姿があるからです。その点はいかがお考えでしょうか。

佐藤　〝正義感の暴走〟〝正義中毒〟ともいうべきネットリンチが繰り返されているのは事実でしょう。ただ、創価学会員の皆さんについては、そのような暴走には向かわないと思います。

では、その違いはどこからくるのか？　〝正義中毒〟に陥《おちい》ってネットリンチをするような人たちは、自己完結しています。自分の心のなかだけでゆがんだ正義感を肥大《ひだい》化《か》させ、それを爆発させているのです。それに対して、学会員の皆さんの怒りは自己完結していません。怒りを燃やすときにも、池田会長という師匠との関係を常に忘れないからです。

そして、「池田先生の教えに照らして、この怒りは正当な怒りだろうか？　ただの個人的な嫉妬《しっと》などに基づく、よこしまな怒りではないだろうか？」と、瞬時に自己判定がなされているのです。つまり、怒りの正しさの明確な判定基準がある。だからこそ、学会員の怒りは暴走しないのです。

われわれキリスト教徒も、判断に迷うことがあったら、自《みず》らの内なるイエス・キリストに照らして判断をすることがよくあります。いわば、心のなかでイエスと対話し、相談しているのです。学会員の皆さんにも、そのような心の作用があるはずです。

そのことを裏返して言うなら、池田会長の名を濫用《らんよう》して、自らの政治的立場を正当化しようとする一部の人たちの姿は、別の形の〝正義中毒〟と言えるかもしれません。

——佐藤さんがよく言われる「主語問題」ですね。

佐藤　はい。例えば、「自分は学会員だが、今の公明党のあり方に納得できないから、支持できない」というのなら、それは「自分」が主語ですから、どのような政治的主張を持たれるのも自由です。しかし、「池田先生の教えから見て、今の公明党に納得されているはずがないから、公明党は支持できない」というのは、主語が池田先生になっているから、池田会長の名の不当な濫用です。会長の心中を勝手に臆測して自己正当化に利用しているのですから。それを私は「主語問題」と名づけました。

池田会長の名を濫用して公明党や学会執行部への怒りを表明する人も、主観的にはそれを正義の怒りと捉えているでしょう。しかし、それは私から見れば、やはり一方的な偏《かたよ》った正義感であり、〝正義中毒〟に思えます。声高《こわだか》に池田会長の名を叫んだりするあたりが、〝中毒〟たるゆえんでしょう。一般の学会員さんは、自らの心に照らして怒りの正しさを自己判定するとき、そのことを声高に主張したりはしないと思うのです。

幸福論としての「煩悩即菩提」

佐藤　怒りを破壊的な〝負のエネルギー〟にするのではなく、建設的な〝正のエネルギー〟に昇華《しょうか》していくことを教える池田会長の姿勢は、言うまでもなく、大乗仏教、なかんずく法華経に説かれる「煩悩即菩提《ぼだい》」の法理を踏まえたものです。

――そうですね。例えば、法華経の結経《けっきょう》「仏説観普賢菩薩行法経《ぶっせつかんふげんぼさつぎょうほうきょう》」には、「煩悩を断ぜず、五欲《ごよく》を離れずして、諸根《しょこん》を浄《きよ》め、諸罪を滅除《めつじょ》することを得《え》、父母《ぶも》の生ずる所の清浄《しょうじょう》の常《つね》の眼《まなこ》もて、五欲を断ぜずして、而《しか》も能《よ》く諸《もろもろ》の障外《しょうげ》の事《じ》を見ることを得《う》べき」と説かれています。

佐藤　この章には次のような一節もあります。

「それまでの仏教は、欲望を滅することによって、『幸福』を得ようとしたと思います。それに対し、法華経は『煩悩即菩提』と説きます。煩悩という『生命エネルギー』を、悪の方向にではなく、善へ方向づけていく智慧を教えています」（下巻一七ページ）

考えてみれば、一部の僧侶がアンガーマネジメントの著作で人気を博しているのも、煩悩を滅することで幸福を得ようとする「それまでの仏教」――上座部《じょうざぶ》（小乗）仏教的な考え方にとどまっている姿と言えるかもしれません。

――実際には、法華経を信奉する天台宗、日蓮宗、日蓮正宗なども、欲望を否定的に捉えています。彼らは、観念論的に煩悩即菩提を論じることはあっても、〝現実生活において、欲望を昇華して生かせ〟とは教えていないのです。

佐藤　ということは、煩悩即菩提の法理を現実生活に生かすことを教え、実践している大乗教団は、実は創価学会だけかもしれませんね。

ともあれ、怒りに対する処し方一つを取っても、煩悩即菩提に即した創価学会の幸福の捉え方は、現実的で納得できるものだと感じます。そして、『法華経の智慧』という大著全体が、画期的な「幸福論」でもあると、あらためて思うのです。

3

弘教の歓喜と功徳——その奥深さ

「信随」のなかにこそ自由がある

——ここからは、「随喜功徳品《ずいきくどくほん》」についての章を読み解いていただきます。

佐藤　「随喜」とは「随順慶喜《ずいじゅんきょうき》」、つまり「信随《しんずい》して歓喜する」という意味ですね。原典のサンスクリット語の「アヌモーダナー（anumodanā）」は直訳すれば「喜んで受け入れる」という意味になるようですが、そこに「随」という字を当てて「信随」のニュアンスを加えたのは、漢訳した鳩摩羅什《くまらじゅう》でしょう。

前回、『法華経の智慧《ちえ》』全体の結論は〝法華経とは師弟不二《していふに》の経典である〟という話が出ました。そこから考えると、「随」の字にも師弟不二という意味合いを読み取りたくなります。〝最高の師に信随して生きることのなかに、法華経が説く至高の歓喜もある〟ということです。

「誰かの教えに随順して生きる」というと、現代人はとかく「封建《ほうけん》的・前近代的価値観だ」と否定的に捉《とら》えてしまいがちです。しかし、日蓮仏法の視点からは、決して否定的なことではないのです。実際、この章では、「**『随』とは『信心』のことと言ってよいと思います**」（下巻五八ページ）と述べられています。つまり、「随喜」とは信心の喜びそのものであるわけで、それを否定してしまうと信仰そのものが成り立たなくなってしまいます。

また、キリスト教神学の視点から考えると、「随喜」という言葉からボンヘッファー（ドイツのプロテスタント神学者）の思想を思い出します。ボンヘッファーには『抵抗と信徒』『主に従う』などの著作があって、イエス・キリストに従っていくことのなかに信仰の喜びがある、というのが基本的な考え方でした。

——「誰かの教えに随順して生きる」ことを、「自由の束縛《そくばく》」と捉えて否定するのは現代人にありがちな思考ですが、キリスト教神学にもそのような視点はないのですね。

佐藤 はい。むしろ、「根源的なものに従って生きることのなかにこそ、真の自由がある」と捉えるのが信仰者の視点だと思います。

「自由」ということについて、少し掘り下げて考えてみましょう。信仰を持たず、「自分は自由気ままに生きている」と考えている現代人も、多くの場合は無意識のうちに何かに「随順して生きている」ものだと思います。

例えば、現代において自由に生きるためにはある程度のお金も必要ですが、お金に対する執着が強すぎて金儲《もう》けそのものが目的化してしまうと、それは「拝金主義」というゆがんだ思想に随順して生きることになります。また、学歴に対するこだわりも度を越してしまえば「学歴至上主義」というゆがんだ思想になり、人間の価値を学歴で判断するような偏《かたよ》った考え方になってしまいます。

そのように、一見自由なようでいてまったく自由ではなく、ゆがんだ思想に随順している人はたくさんいるのです。

拝金主義や学歴至上主義はわかりやすいゆがみですが、もっとわかりにくいゆがんだ思想に囚《とら》われている人もいます。例えば、日本でも人気の高いアメリカの政治哲学者マイケル・サンデルは、著作『実力も運のうち――能力主義は正義か？』(早川書房)のなかで、「能力主義（メリトクラシー）」の行き過ぎによるゆがみがアメリカ社会を分断した、と論じています。「能力主義」とは、能力と努力で収入や社会的地位が決まる近代社会のありようのことです。そうした社会が行き過ぎると、成功者やエリートの多くが、「自分が今恵まれた立場にいるのは頑張ったからだ」と、自《みずか》らの実力を過大評価してしまいます。実際には恵まれた環境に生まれ育ったという運の要素も大きいのに、そのことが見えなくなってしまうのです。

――なるほど、『実力も運のうち』という邦題には、そういう状態に対する揶揄《やゆ》が込められているわけですね。

佐藤　はい。そして、自分の力を過大評価したエリートや成功者は、そのことで傲慢《ごうまん》になり、低収入などの恵まれない立場にいる人たちを蔑視《べっし》するようになってしまいます。一方で、恵まれない立場の人たちは、「今の苦しい立場は自分が頑張らなかったせいなのだから、自業自得だ」と思い込んでしまったり、エリートや成功者への羨望《せんぼう》と憎悪をつのらせたりする……そのように、能力主義の過剰《かじょう》がアメリカ社会を二つに分断してしまっていると、サンデルは言うのです。

——日本でも似たような状況がありますね。先日、ある著名人が、ユーチューブのチャンネルで「ホームレスの命はどうでもいい」などとひどい差別発言をして、批判が殺到しました。こうした発言にも能力主義の行き過ぎが感じられます。〝自分は稼いでたくさん税金を払っているのだから、何を言ったっていいのだ〟と。

佐藤　実は過剰な能力主義に束縛され、自分の考え方をゆがめられているのに、そのことに気づかず自由気ままに生きているつもりになっているのですね。正しい信仰を持たないで生きていると、無意識のうちにそのようなゆがんだ基準に従って生きる羽目になってしまうということです。広い意味ではすべての人が何らかの信仰を持っているし、何らかの基準に随順して生きています。だからこそ、随順すべき対象を慎重に選ばないといけないのです。そして、正しい信仰に随順して生きてこそ、ゆがんだ基準に随順して生きるという愚《ぐ》を避けることができるのですから、そこにこそ真の自由があるのです。

「自由に生きたいから、信仰も師匠も持たない」と言っている人は、実は自由なようでいて自由ではない。それはまっさらな自由ではなく、無意識のうちに「その時代の主流の考え方」に染まって生きているだけなのです。逆に、確固たる信仰を持っていれば、時流などに左右されることなく生きられます。実はそちらのほうが真の自由なのです。

そもそも、われわれは社会という複雑な相互依存関係の網のなかで生きているのですから、そうした関係性を無視した「まっさらな自由」などあり得ません。例えば、われわれが使う言語一つとっても、さまざまな規則に従って用いるからこそ他者とのコミュニケーションが成立するのです。それらを無視した、私的で自由な言語などあり得ません。そのこと一つ取ってもわかるように、社会のなかの自由とは本質的に「制限つきの自由」なのです。

「流通広布の時代」の始まり

佐藤　ところで、法華経二十八品のなかでは、前回取り上げた「分別功徳品《ふんべつくどくほん》」の後半以降は「流通分《るつうぶん》」に相当するそうですね。

――はい。法華経に限らず、仏教経典を解釈する際には、「序分・正宗分《しょうしゅうぶん》・流通分」の三つに分ける「三分科経」という区分が用いられます。「序分」は導入部、「正宗分」

はその経典の核心部分で、「流通分」はその経典をどう説き広めていくか、すなわち弘教《ぐきょう》について説かれた部分に当たります。

法華経の場合は、無量義経《むりょうぎきょう》と序品が序分、方便品《ほうべんぼん》から分別功徳品の前半までが正宗分、分別功徳品の後半から結経《けっきょう》の観普賢経《かんふげんきょう》までが流通分に当たります。

佐藤　池田会長は、「『**流通**』とは『**広宣流布**《こうせんるふ》』のことです。**今、学び始めた『流通分』には『妙法広宣流布』への指針がちりばめられている**」（下巻四〇ページ）と述べられていますね。わかりやすく言えば、釈尊《しゃくそん》滅後の広宣流布がどのように進んでいくかが、流通分のなかに〝予言〟されているということでしょうか。

――そうかもしれません。実際、この章で池田会長も、創価学会の出現をもって「流通広布の時代」が始まったと解釈しています。特に、一九五二年の「立宗七百年」、すなわち「立宗宣言」から七百年目の佳節を、大きなメルクマール（指標）として捉えています。

佐藤　この章ではそのことが、「予《よ》は立宗七百年を期として、これより盛んに広宣流布することを断定するものである」という戸田城聖《じょうせい》第二代会長の言葉（『戸田城聖全集』第三巻）と、日蓮正宗の日淳法主《にちじゅんほっす》（第六十五世）の次のような言葉を例に語られていますね。

「将来の歴史家は立宗七百年以前は宗門の護持《ごじ》の時代とし、以後を流通広布の時代と定義するであろうと思われます。これまでの宗門の歴史を見ますれば時に隆昌《りゅうしょう》がありましたが、結局護持ということを出なかったと考えます」「開宗七百年を転期として一大流布に入ったということは正法《しょうほう》流布の上に深い約束があるのではないかと感ぜられるのであります。これを思うにつけても創価学会の出現によって、もって起《おこ》った仏縁に唯《ただ》ならないものがあると思います」（一九五六年元旦「開宗七百四年を迎えて」）

――つまり、立宗七百年を境に、「宗門の時代」から「創価学会の時代」に変わったということを、時の法主が自ら認めたわけです。日淳は宗門きっての碩学《せきがく》であり、創価学会に深い理解を寄せていたことでも知られます。

佐藤　今の若い読者は、「どうして宗門の法主の言葉が引用されるの？」と首をかしげるかもしれません。『法華経の智慧』の連載当時はまだ学会と宗門の訣別《けつべつ》から数年後でしたから、このような発言を引用することで納得できた学会員さんも多かったのでしょうね。

――そして、その「創価学会の時代」ということに関連してよく挙げられるのが、御書のなかでも「五大部」の一つに数えられる重書である「観心本尊抄《かんじんのほんぞんしょう》」の、次の一節です。

「当《まさ》に知るべし、この四菩薩《しぼさつ》、折伏《しゃくぶく》を現ずる時は賢王と成って愚王を誡責《かいしゃく》し、摂受《しょうじゅ》を行《ぎょう》ずる時は僧と成って正法を弘持《ぐじ》す」（新版一四五ページ・全集二五四ページ）

「四菩薩」とは「地涌《じゆ》の菩薩」を率《ひき》いる四大リーダーのことです。末法に法華経を流布する地涌の菩薩は、世界中に大折伏を展開するときには僧侶《そうりょ》の姿ではなく、「賢王」

——在家《ざいけ》の力ある指導者となって出現し、愚《おろ》かな指導者と戦うというのです。つまり、在家集団こそが広宣流布をリードしていくことが予言されているわけです。

佐藤　なるほど。先ほどの戸田会長や日淳法主の言葉も、この「観心本尊抄」の一節を踏《ふ》まえていたわけですね。学会が広宣流布の先頭に立つということの根拠が御書のなかに厳然とあるのは、大変重要なことです。キリスト教の場合も、神学上のある論説に聖書的な根拠があるということが重視されます。例えば、カトリック教会や正教会で、ある死者を「聖人」として認定するか否かという問題においては、聖書に書かれている内容との類比が基準となるのです。仏法用語で言えば、「三証」のうちの「文証」に当たるでしょうか。

——創価学会は、しばしば「新興宗教団体」として捉えられます。確かに教団として誕生したのは昭和に入ってからですが、実は七百七十年近い伝統のなかにきちんと位置づけられる、日蓮仏法の正統的教団なのです。そのことが「観心本尊抄」の記述にも端的《たんてき》に示されています。

佐藤　その点について私は、宗教法人を所管する文化庁に働きかけて、「新興宗教団体」として扱わないように、分類の変更を検討してもらってもよいのではないかと思います。「こういう経典上の根拠があり、仏教史的に見ても、創価学会を新興宗教団体として扱うことは妥当《だとう》ではない」と、論理立てて説明するのです。文化庁は基本的に宗教団体側のロジックに従って分類しているわけですから、変更要請に応じる可能性は十分にあるはずです。地味なことかもしれませんが、そういうことも、世間一般に対する創価学会のイメージアップのためには重要だと思います。

「歌」は民衆宗教に不可欠

佐藤　それから、この章では「随喜」とはどのような喜びなのかを説明するために、学会歌の「威風堂々の歌」のエピソードが紹介されていますね。この点も創価学会らしいと感じました。

——と、おっしゃいますと?

佐藤　創価学会は限られた知識人層のための宗教ではなく、世界に門戸《もんこ》を開いた民衆宗教ですね。民衆宗教にとって、歌や踊りといった身体的な表現を通して信仰の歓喜を表現できることは、非常に重要です。難《むずか》しい言葉を用いなくても、ストレートに信仰の核心が伝達できるからです。

学会歌は、いわば〝民衆のなかで身体化した歓喜の表現です。例えば、私が学会員ではない人と法華経について語り合ったとして、「この『随喜』というのは、学会員にとってどのような喜びなんですか?」と質問されたなら、「威風堂々の歌」を聴かせると思います。「この歌のなかに表現されているのが『随喜』ですよ。それはまさに、同志と共に悪と戦って弘教を進めていくときに感じる歓喜のことなのです」と。

言葉だけでは伝わりにくくても、歌を聴きながら話せばすんなり理解してもらえるはずです。

――なるほど。確かに、「威風堂々の歌」というのは数多い学会歌のなかでも、いささか特殊です。この章でも紹介されていますが、当時まだ入会間もなかった京都の一壮年部員（大橋幸栄氏）が、地元組織の「地区歌」として作ったものなのです。それが「ええ歌やなあ」と口コミで広まって、京都支部歌になり、それを聴いた若き日の池田会長の提案で、全国で歌われるようになっていった。池田会長が作った歌でも大幹部が作った歌でもないのに、今日まで盛んに歌われてきています。その意味ではまさに、民衆のなかから生まれて定着した、弘教の歓喜を表現した歌と言えますね。

佐藤　はい。そしてまた、『法華経の智慧』のなかに「威風堂々の歌」のエピソードを盛り込み、そのことによってわかりやすく「随喜」を表現しようという池田会長の発想そのものが、まさに民衆宗教らしいと言えます。小難しい話ばかりにせず、民衆が理解しやすい内容にしようという配慮が、池田会長には常にあるのでしょう。

草創期の創価学会には、教育を受ける機会に恵まれず、難しい理屈が苦手だという人も多かったはずです。そういう人にも、歌なら理屈抜きでわかる。また、今後世界宗教化が進んでいくなかで、日本語を解さない諸外国の人にも、歌なら言葉を超えて伝わる。だからこそ、池田会長は歌を重視してこられたのです。

以前にも紹介したことがありますが（『希望の源泉・池田思想3』第十二章）、『邪宗門』『悲の器』などの作品で知られる小説家の高橋和巳《かずみ》は、母親が熱心に信仰していた天理教にシンパシーを抱《いだ》いていたものの、「みかぐらうた」と呼ばれる天理教の歌・踊りについていけず、彼自身は信者になれなかったと述懐《じゅっかい》しています。

宗教のなかの歌や踊りといった身体表現を、あたかも〝低級なもの〟であるかのように感じてしまい、拒絶反応を示してしまうのが、一般的知識人の限界と言えます。それは日本に限ったことではありません。例えば、イスラームのなかのインテリ層にも、くるくる回る舞で知られる「スーフィズム」（イスラーム神秘主義）を軽《かろ》んじる人が、少なからずいるようです。そうした人たちは、頭では民衆宗教の意義を理解していても、体では理解できない。それに対して、池田会長はそのハードルを越え、民衆宗教における身体性の大切さを深く理解されているのです。

「五十展転」と弘教の功徳

――この章のテーマとなる「随喜功徳品」は、弘教の歓喜と功徳が説かれた品です。その弘教の功徳の奥深さについて表現した教義に、「五十展転《ごじってんでん》」というものがあります。簡単に説明しますと、「法華経を聞いて随喜した人が、その喜びを人に伝え、その人がまた別の人に伝え……というふうにして、やがて五十人目に至ったとしても、その五十人目の人の随喜の功徳すら、絶大なものである」という教えです。

佐藤　素朴《そぼく》な疑問ですが、そのとき、間に挟《はさ》まる人数が増えるごとに、功徳は少しずつ減衰《げんすい》していくのでしょうか。

――いいえ。一人目も五十人目も、功徳はまったく変わらないと説かれています。

佐藤　キリスト教における「イコン（聖画像）論」と同じですね。イコンは何度描き写しても、その効力は最初のイコンと変わらないと考えられています。

――「月水御書《がっすいごしょ》」（新版一六四二ページ・全集一一九九ページ）には、「五十展転」についての言及がありますが、そこには「題目を聞いて喜び、その喜びを五十人目に伝える人の功徳ですら、釈尊の十大弟子の一人・舎利弗《しゃりほつ》や、文殊《もんじゅ》菩薩や弥勒《みろく》菩薩が得る功徳の百千万億倍だ」（趣意）と説かれています。

佐藤　なるほど。末法という「流通広布の時代」に弘教・折伏に励む功徳は、それほどまでに大きいということですね。池田会長も次のように語られています。

「**随喜功徳品では、有名な『五十展転』が説かれるが、これを事実の上で実践してき**

たのも創価学会です。

弘教と言っても、たんなる理屈だけではなくて、信仰の『感激』と『確信』『喜び』を語っていくのが根本です。それが、人の生命を揺さぶるのです」(下巻四二ページ)

ここには、折伏のあり方の基本が語られていると思います。理屈で相手を説き伏せるのではない。また、言葉を飾ったり、ことさら上手に語ろうとする必要もない。自分が感じた信心の歓喜を素直に語り伝えることこそが折伏の基本なのだと、池田会長はこの章で教えておられるのだと思います。

4

世界宗教に不可欠な「正典化」

選挙が「信教の自由」を守る戦いに

――本題の前に、菅義偉《すがよしひで》首相の自民党総裁選不出馬で情勢が一転した次期衆議院議員総選挙について、お考えを伺えればと思います。現時点（収録時、二〇二一年九月上旬）ではまだ見通しがつきにくいのですが……。

佐藤　わかりました。九月末の総裁選は河野《こうの》太郎（新型コロナウイルス感染症ワクチン接種推進担当大臣）氏、岸田文雄（元外務大臣）氏、高市早苗《さなえ》（前総務大臣）氏が有力視されています。いずれにせよ、創価学会・公明党にとっては菅政権よりもやりにくくなるのではないかと感じています。特に、もしも高市氏が首相になった場合は危ういと思います。

高市氏は、首相になったら靖国《やすくに》神社公式参拝を行うと明言しています。思想的に創価学会とは相いれない面がありますし、中国やアメリカとの関係も悪化させかねない。公明党にとっては、非常に舵《かじ》取りの難《むずか》しい連立政権になるでしょう。

――高市氏と思想的に近いとされる安倍晋三前首相は、首相在任中に一度だけ靖国公式参拝をしましたが（二〇一三年）、その後は公明党への配慮もあってか、在任中の公式参拝は避けました。しかし、高市氏にはそうした配慮はなさそうですね。

佐藤　そもそも、高市氏は公明党との関係が薄い人ですし、逆に神道《しんとう》政治連盟との関係が強いですからね。公明党に配慮する必要性も、さして感じていないでしょう。

とはいえ、今秋の総選挙で政権交代にまで至るとは、ちょっと考えにくい。本当に怖いのは、次の次の総選挙です。次期政権の終わり方次第では、政権交代が起きかねないからです。次期政権が健闘すれば、自公政権が継続するでしょう。しかし逆に、経済は停滞、コロナの感染状況も悪化、外交関係も悪化となれば、「これなら野党に任せたほうがマシだ」となって、政権交代が起きる可能性が高まります。そしてそのとき、日本共産党が参加する野党連合政権の誕生こそ、最も避けなければならないことです。

以前も少し触れましたが（本書第二章）、二〇二〇年の党大会で採択された日本共産党の綱領《こうりょう》には、「政教分離の原則の徹底をはかる」という一節があります。裏を返せば、〝現状では政教分離が十分徹底されていない〟と彼らは考えているわけです。念頭にあるのは当然、公明党のことでしょう。

今でも政教分離原則は徹底されているのですが、彼らはそう見ていない。したがって、共産党がもしも政権に入ったら、間違いなく公明党・創価学会攻撃に走るでしょう。これは「信教の自由」の根幹に関わる大問題です。共産党参加の連立政権誕生は、国民全体にとって大きなマイナスだと私は考えますが、特に創価学会・公明党にとっては最悪の事態です。だからこそ、その前段階になり得る今秋の総選挙でも、学会員の皆さんは〝信心の正念場〟と捉《とら》えるべきかと思います。

――そういえば、本書で佐藤さんが言われた、「選挙支援活動に功徳《くどく》があることは、むしろ当然」（第一章）というお話には、読者から大きな反響がありました。

佐藤　選挙支援に功徳があるのは、当然の話です。

日蓮大聖人の「一生成仏抄《いっしょうじょうぶつしょう》」に、「仏の名《みな》を唱え、経巻《きょうがん》をよ《読》み、花をち《散》らし、香をひね《拈》るまでも、皆、我が一念に納めたる功徳・善根《ぜんこん》なり」（新版三一七ページ・全集三八三ページ）という有名な一節があります。〝仏壇に花を供えたり、線香を焚《た》いたりするだけでも功徳がある〟というのです。言い換えれば、〝仏を敬い、人を仏道に向かわしむる行為〟には、小さなことでもすべて功徳があるわけです。それなのになぜ、生活から政治だけを切り離して〝選挙支援には功徳がない〟ということになるのでしょう？　そういう考え方のほうが論理的におかしいでしょう。そもそも学会員さんの皆さんがこれほど長期にわたって懸命に支援活動をしている背景には、「功徳がある」と実感していることもあるのだと思います。結局、「選挙支援に功徳がある」と言いにくかったのは、「羹《あつもの》に懲《こ》りて膾《なます》を吹く」ような〝行き過ぎた政教分離〟が理由であるにすぎません。

創価学会も「文底」観を考える

——さて、本題に入ります。「随喜《ずいき》功徳品」についての章の続きになります。

佐藤　この章には、法華経の「文底《もんてい》」（経文《きょうもん》の奥底《おうてい》）についての重要な議論が展開されていますね。

「釈尊《しゃくそん》は法華経を説いて、何を信じ、何を本尊とせよと言っているのか。それが明ら

かでない。これは古来の仏教界の大問題ですね。（中略）そこに『文底』の仏法が説かれなければならない理由があるわけです」（下巻五八ページ）

前回述べたとおり、「随喜功徳品」の「随喜」とは、〝最高の教え・存在に随順《ずいじゅん》して生きる歓喜〟のことです。ところが、「随順して生きるべき最高の教え・存在とは何を指すのか？」という結論が、法華経には明かされていない。つまり、「文上《もんじょう》」（経文の表面上の意味）だけを見ていたのでは、何を本尊とすべきなのかがわからないのです。これは「随喜功徳品」に限らず、法華経全体の難問でもあります。だからこそ、経文の〝文底に秘沈《ひちん》〟された釈尊の真意を、後世の者が推《お》し量《はか》る必要性が生じた。一種の「解釈学」が生まれたわけですね。

――「文底」とは、日蓮正宗第二十六世の日寛法主《にちかんほっす》が「開目抄《かいもくしょう》」などを根拠に立てた教学用語です。宗門においては、法主の相伝《そうでん》によってのみ文底が理解できると考えました。対して創価学会ではそのような立場を取らず、あくまで三代会長の教えに基づくことが文底理解につながると捉えているようです。特に、戸田城聖《じょうせい》第二代会長の

「獄中《ごくちゅう》の悟達《ごだつ》」、つまり法難に遭《あ》ったことで得た地涌《じゆ》の菩薩《ぼさつ》としての自覚を、文底の真意を理解する重要な契機としています。

佐藤　「獄中の悟達」が文底理解の契機になったという話は、私にはすんなり理解できます。

戸田会長版の『小説　人間革命』では、全体のクライマックスになる終盤で、そのことが次のように表現されています。

「今、眼の前に見る法華経は、昨日まで汗を絞っても解けなかった難解の法華経なのに、手の内の玉を見るように易々《やすやす》と読め、的確に意味が汲取《くみと》れる。それは遠い昔に教わった法華経が憶《おも》い出されてきたような、不思議さを覚えながらも感謝の想《おも》いで胸がいっぱいになった」(戸田城聖『小説　人間革命　下』聖教文庫)

私も東京拘置所《こうちしょ》に五百十二日間収監された経験がありますから、獄中生活がいかに心を研《と》ぎ澄《す》ますかが、肌感覚で理解できます。特に戸田会長の場合、法華経を守るために命がけで獄中生活に入られたわけで、そこでの悟達が法華経の文底理解の契機となったという話にも得心《とくしん》がいきます。
　戸田会長は戦後、五十八歳という若さで亡くなられたわけですが、それには戦時中の過酷《かこく》な獄中体験が命を縮《ちぢ》めた面があると思います。いわば、戸田会長は〝地上における命の短さと引き換えに、法華経の「永遠の生命」を深く感得された〟……そんなふうにも思えるのです。

カール・バルト
（1962年撮影）（Keystone/時事通信フォト）

　創価学会の「文底」観を考えるとき、カール・バルト（スイスのプロテスタント神学者）の「神の言葉の神学」が参考になると思います。バルトは、〝聖書それ自体は人の手によって作られたものだから、誤ることもあり得る〟と考えました。そのうえで〝聖霊《せいれい》の働きによって読者が神と出会ったとき、聖書は神の言葉に「なる」〟と捉えたのです。

そうした考え方を法華経に敷衍《ふえん》するなら、〝法華経それ自体がそのまま「仏の言葉」なのではなく、戸田会長が「獄中の悟達」を遂《と》げて仏と出会ったとき、法華経が真に仏の言葉となったのだ〟と解釈することも可能ではないでしょうか。そして、その戸田会長と不二《ふに》である池田会長だからこそ、法華経の「文底」を理解できるのだ、と。

「利」の価値の教学的位置づけ

佐藤　現在、創価学会では日寛教学の見直しを進めていますね。宗門との訣別《けつべつ》から三十年を経て、世界宗教化の本格化を見据えての教学整備ということでしょう。創価学会「会憲《かいけん》」の制定や、「勤行要典《ごんぎょうようてん》」の祈念文に三代会長の固有名詞を入れたこと、『日蓮大聖人御書全集　新版』の発刊など、一連の出来事はすべてその流れに位置づけられると思います。そうした動きのなかで、今後、「文底」の解釈についても再検討がなされていくのでしょう。

そして、私が重要だと思っている課題の一つに、牧口初代会長の『価値論』における「利」の価値の重視を、教学的にしっかりと位置づけるということがあります。

――と、おっしゃいますと？

佐藤　カントらが「真・善・美」を価値の内容としたのに対して、牧口会長は「利・美・善」を価値の内容として立てました。「真」を外して、代わりに人のためになる「利」を根底的な価値として捉えたわけです。そのことは、牧口会長が民衆を救済することを何よりも重視されたからだろうと私は思います。

しかし、創価学会に無理解な人たちが、その点を曲解して、〝学会は現世利益《りやく》ばかり大事にする低級なご利益宗教だ〟といった粗雑《そざつ》な批判をしてくることは、十分に予想されます。だからこそ、利の価値の重視がどのような意図に基づいていたのかを、明確にしておく必要がある。単に現世利益などという次元ではなく、民衆救済という観点から不可欠であるがゆえに、牧口会長は「利」を重んじたのだと思います。そのことを教学的にもきちんと位置づけて、しっかりとした理論構築をしておかないといけないと思うのです。それは、創価学会に批判的な勢力に付け入る隙《すき》を与えないことにつながるし、もちろん会員の皆さんの教学理解を深めることにもなるでしょう。

また、「利」の価値の重視の教学的解説を進めていくとき、参考になると思われるのが、ラインホールド・ニーバー（アメリカのプロテスタント神学者）の著作です。ニーバーは二十世紀以降のアメリカ政治に強い影響を与えたことでも知られていますが、彼の神学的立場は「キリスト教的現実主義」とも呼ばれ、神学が理想主義に偏《かたよ》り過ぎることの愚《おろ》かしさを厳しく批判した人でもあります。

ニーバーは主著の一つ『光の子と闇の子』のなかで、〝善人は私的利益の力を軽く見積もり過ぎているから愚かである〟という意味のことを書いています。利の重視というー点でニーバーは創価学会と通ずる面があり、その理論的展開は大いに参考になると思います。

新版御書全集発刊の深き意義

佐藤　先に挙げた、「会憲」の制定や新版御書の発刊などの一連の動きは、創価学会の世界宗教化への対応であるとともに、創価学会にとっての「キャノニゼーション」――「正典化」でもあります。

「正典化」は、キリスト教においては、イエス・キリストに関するさまざまな文書から『旧約聖書』『新約聖書』を確定したことを指します。〝たくさんの文書があるなかで、これとこれとこれは、われわれが公式に認めるキャノン（正典）である〟と、はっきりとした線引きをすることが正典化なのです。そして、そのような正典化は、ある宗教が世界宗教として飛翔するためには不可欠なプロセスです。〝どれが教えの根幹となる正典であるか〟が確定していないと、世界中に広まっていく過程で必ず重大な混乱が起きるからです。

創価学会は、今まさにその正典化を一通り終えようとしているところです。学会にとっての正典とは何かと考えると、われわれが今学んでいる『法華経の智慧《ちえ》』も、もちろんキャノンの一つです。しかし、何よりも重要なキャノンとしては、池田会長の『人間革命』『新・人間革命』と、日蓮大聖人の御書全集が挙げられるでしょう。

私が一人のキリスト教徒として外からの目で捉えるなら、『人間革命』『新・人間革命』は『新約聖書』に相当し、御書全集は『旧約聖書』に相当します。

『新約聖書』の「福音書《ふくいんしょ》」にはイエスの言行と業績がつぶさに記録され、「使徒《しと》言行録」にはキリストの直弟子《じきでし》たちの活躍が記録されています。同様に、『人間革命』『新・人間革命』には、三代会長の言行と業績が記録されていますし、随所に描《えが》かれる弟子たちの体験は「使徒言行録」に相当します。

『新・人間革命』を順を追って通読してみると、巻数を重ねるごとに、弟子たちの活躍がどんどん世界に広がり、比重が重くなっていくことに気づきます。それ自体が、創価学会の世界宗教化プロセスの記録でもある。まさに学会版「使徒言行録」としての色合いを強めていったわけです。

私は月刊『潮』で『新・人間革命』を読み解く連載（『21世紀の宗教改革Ⅱ』として書

籍化）を続けてきましたし、外部識者のなかでは『新・人間革命』を深く考察した一人だと自負《じふ》しています。その経験を踏《ふ》まえて感じるのは、『新・人間革命』のなかでも、最終巻となる第三十巻（上・下巻）は、特別な重みを持っているということです。

というのも、あの巻は『人間革命』と『新・人間革命』全体の総括にもなっているからです。だからこそ、学会員の皆さんにとっても、三十巻の読み解きは特に大切な意味を持つと思います。そこには、創価学会の歴史と意義が総括されていると同時に、これからの創価学会がどのような課題に取り組むべきかが、明示的に、あるいは暗示的に示されているからです。

そして、二〇一八年に『新・人間革命』が全三十巻（三十一冊）で完結したことは、いわば〝学会における『新約聖書』が完成した〟ということなのです。

――なるほど。

佐藤　『新・人間革命』の完結と、上・中・下の全三巻が先ごろ完結した『池田大作先生の指導選集』、そして今年の創価学会創立記念日（二〇二一年十一月十八日）に刊行予定の『日蓮大聖人御書全集　新版』……それらは相互に関連した一連の動きと言えます。いずれも、創価学会にとってのキャノニゼーション――正典化の動きなのです。

御書全集は、キリスト教になぞらえれば『旧約聖書』に相当します。そして、これまで用いられてきた御書全集は、宗門との訣別以前に作られたものですから、創価学会版であったとはいえ、その内容にはどうしても宗門からの影響があったのです。

――そうですね。現行の御書全集は監修者が宗門の堀日亨《にちこう》（第五十九世法主）ですから。日亨は深い学会理解を示した法主ではありますが、宗門教学の影響が御書全集にも残っていたことは否めません。

佐藤　十一月に発刊される新版の御書全集こそが、初めて宗門からの影響を完全に排除した〝真の創価学会版〟とも言うことができると思います。その意味では、『新・人間革命』の完結からの正典化の動きが、新版御書全集の発刊をもって一通り完了するとも言えます。それによって、創価学会の経典は完成して「閉じる」のです。経典が「閉じる」――すなわち〝正典化が完了する〟ことは、世界宗教になるための必須条件です。それがまだ閉じておらず、今後も大幅な変更があり得るという段階では、信仰の正統性の世界基準がなく、世界宗教にはなり得ないからです。キリスト教もイスラームも、世界宗教になった段階ではすでに経典が閉じていました。

もちろん、聖書が小幅な改訂を繰り返してきたように、御書全集などの学会の正典も、小幅な改訂は今後もあるでしょう。しかし、内容が大幅に変わるようなことはもうないはずです。そうした状態が「経典が閉じる」ということなのです。

私どもは、『旧約聖書』をひもとくときにも、『新約聖書』の内容を踏まえたうえで接します。同様に、学会員の皆さんは今後、御書全集を読むときにも、『人間革命』『新・人間革命』の内容を踏まえたうえで読むことになっていくと思います。つまり、〝三代会長の教えを起点として日蓮大聖人の仏法を学ぶ〟のです。それが、正典化の完了後に信徒が正典に臨《のぞ》む正しい姿勢です。

その意味では、『人間革命』『新・人間革命』に引用された御書を集め、テーマ別に整理し、『人間革命』『新・人間革命』の登場箇所を示した本があってもいい気がします。それはいわば〝池田会長の教えを媒介《ばいかい》として御書を学ぶための副読本〟となるのです。

——それにしても、「『人間革命』『新・人間革命』が、キリスト教で言えば『新約聖書』に相当する」という解釈は佐藤さんならではですね。

佐藤　すでに宗門という足枷《あしかせ》が外れてから三十年たつわけですから、変な遠慮をせず、堂々と「予型論的解釈」をしていいと思います。つまり、釈尊の法華経や日蓮大聖人の御書のなかに、創価学会の出現とその世界宗教化の「予型」がすでにあったと考える解釈です。『法華経の智慧』のこの章の内容は、そうした予型論的解釈の先駆けとなるものでしょう。

5

弘教がもたらす生命の浄化を考察する

「魂の独立」から三十年の節目

――本年（二〇二一年）十一月は、日蓮正宗宗門による創価学会への「破門《はもん》通告」（一九九一年十一月二十八日）から、ちょうど三十年という節目に当たります。そこで今回は、本題に入る前にまず、学会と宗門の訣別《けつべつ》――いわゆる「魂《たましい》の独立」の意義について伺えればと思います。

佐藤　まず言いたいことは、「よくぞ破門してくれました」ということですね（笑）。あの破門によって宗門と訣別し、彼らの足枷《あしかせ》から解放されたからこそ、創価学会／SGIには真の世界宗教として飛翔する契機が訪れたのですから。

三十年がたって、宗門にはかつての隆盛は見る影もありません。勝敗は誰が見ても明らかです。私が素朴《そぼく》な疑問として思うのは、戦いを仕掛けた当時の宗門執行部、特に法主《ほっす》だった阿部日顕《にっけん》には、果たして勝算があったのだろうかということです。

――当時の宗門は、学会員に対する御本尊の授与権と、学会員の葬儀における執行権を握っていましたから、「勝てる」と踏《ふ》んでいたのでしょう。「僧侶《そうりょ》抜きの葬儀なんてできるはずがないし、御本尊を授与できなければ学会の信仰自体が成り立たない」というのが、宗門の本音《ほんね》だったと思います。完全に状況を見誤っていたわけですが……。

佐藤　イエス・キリスト出現前のユダヤ教の主流派「パリサイ（ファリサイ）派」と

同じですね。パリサイ派は「ラビ（宗教的指導者）なくしてユダヤ教の信仰は成り立たない」と驕《おご》り高ぶり、民衆を「地の民」と見下していました。そこに、民衆の側に立つイエスが出現し、パリサイ派のありようを批判して時代を変えたのです。

要するに、宗教が世界宗教化するときには同じ道を歩むわけです。「宗門との訣別」は、世界宗教の重要な条件の一つです。キリスト教のなかに、パリサイ派的な信徒を見下す考えが残ったままだったら、世界宗教にはなり得なかったでしょう。同様に、宗門と訣別しないままであったなら、ＳＧＩが世界に布教を進めていったとしても、今のような広がりはなかったでしょう。宗門の考え方は前近代的で、世界宗教にはそぐわないからです。

第二次宗門事件勃発《ぼっぱつ》当時、創価学会の幹部会でベートーヴェンの「歓喜の歌」を原語のドイツ語で合唱したことについて、宗門側が批判しました。シラー作の原詩《げんし》に「神々」という言葉が出てくることが、「外道礼賛《げどうらいさん》」の「謗法《ほうぼう》」に当たるとされたのです。しかし、ベートーヴェンの「歓喜の歌」は、人類全体の輝かしい文化遺産であって、「キリスト教徒のもの」などという次元を超越しています。それを「謗法だ」とは、時代錯誤《さくご》もはなはだしい。そんな宗門を抱《かか》えたままでは、SGIの世界宗教化は難《むずか》しかったでしょう。

前回お話しした「正典化」と同様に、宗門との訣別は、創価学会の世界宗教化に不可欠なプロセスでした。学会には重要な原点がいくつかありますが、近い過去の原点は宗門からの「魂の独立」だったと思います。だからこそ、池田大作SGI会長も『新・人間革命』全体の総括に当たる最後の第三十巻（上・下巻）で、「魂の独立」に大きくページを割《さ》いているのです。

創価学会員こそ、真の「法師」

――では、本題に入ります。今回は「法師功徳品《ほっしくどくほん》」の章を読み解いていただきます。

「法師」とは「衆生《しゅじょう》を仏道に導く師となる人」を意味します。この章で言うように、「（仏法を）自《みずか》ら行《ぎょう》ずるとともに『弘教《ぐきょう》する』人間の功徳とは何かを説いた章」（下巻六八ページ）が、法師功徳品なのです。

佐藤　一般に、「法師」というと僧侶を指すイメージがあります。『西遊記《さいゆうき》』に出てくる「三蔵法師」も広く知られていますし、「法師」を辞書で引くと「僧侶のこと」という語釈が出てきます。それに対し、この章では池田会長が次のように言われ、そのイメージが覆《くつがえ》されます。

「法師とは僧侶のことではない。法師品（第十章）でもやったが、法師とは『法を師とする人』であり、『師となって法を弘《ひろ》める人』という意味です。在家《ざいけ》であれ、出家《しゅっけ》であれ、法を求め（求法《ぐほう》）、法を弘める（弘法《ぐほう》）人が『法師』なのです。（中略）ゆえに、現代において、広宣流布《こうせんるふ》ひとすじに生きる創価学会員こそ、真の法師であると断言できる」（下巻六八ページ）

――〝創価学会員こそ現代における法師である〟という趣旨の発言を、池田会長は宗門との訣別以前からすでにしていました。「『弘教する』人間の功徳」が強調されているように、「折伏《しゃくぶく》」に励むことが法師たる条件として重視されているわけですね。それに対して宗門では、学会との訣別以前から、〝儀式などの面で信徒の折伏をバックアップする「摂受《しょうじゅ》」が僧侶の役割なのだ〟と考えていたようです。

佐藤　衆生化導《けどう》の二種の方法のうち、釈尊《しゃくそん》在世のように衆生の機根《きこん》がよい時代にはソフトな摂受が優先され、末法のように機根が悪い時代にはハードな折伏が優先される、と……。そのことを私なりに言い換えるなら、現代のような情報化社会では、創価学会や日蓮仏法に対してまったく偏見《へんけん》を持たないまっさらな状態であることが難しい。だからこそ、折伏によってその偏見を正す作業が、弘教の前提として不可欠になるのだと思います。そう考えると、〝折伏に励む信徒こそ真の法師である〟という考え方には得心《とくしん》がいきます。

私は、池田会長と歴史家アーノルド・トインビーの対談集『二十一世紀への対話』でのやりとりは、対談の形式を借りた折伏だと思っています。例えば、トインビーが日本の神道《しんとう》を肯定的に評価したとき、池田会長は神道の持つ危険な側面を指摘し、トインビーの誤った評価を的確に正しています。そうした姿勢はまぎれもない折伏でしょう。折伏とは、相手に敬意を持って対話しながらも、正すべき点はきちんと正す姿勢の謂《いい》です。その意味で、池田会長の海外識者との対談集の多くは、広い意味での折伏なのでしょう。

また、この章で展開される「創価学会員こそ、真の法師である」との主張は、言い換えれば〝創価学会は折伏の教団である〟ということだと思います。そこでいう折伏とは、単に教勢拡大を目指すことではなく、人々を幸福に導くリーダーとなるというニュアンスだと思います。池田会長が次のように言われているとおりです。

「**法師とは、混沌《こんとん》として出口の見えない闇《やみ》の社会にあって、人々を幸福へと導く『精神の指導者』のことです。いわば、地域と社会の『灯台』です。そういう人が、創価学会という大民衆組織には、無数におられる。諸君の周囲にもおられるにちがいない**」（下巻六八ページ）

この章には、百六世帯の折伏を成し遂《と》げ、しかも入会した方々が皆幸福になり、学会のなかで潑剌《はつらつ》と活躍されているという婦人部（現・女性部）員の例が紹介されています。その方に対して池田会長は、「**百人もの人の人生を根本から救う――**。**これは、どんな大学者も大実業家も、遠く及ぶことのない大偉業です**」（下巻六九ページ）と讃《たた》えています。そういう方こそが「真の法師」なのでしょう。

――宗門の僧侶たちには到底成し得ない偉業だと思います。

「勝つ」ことよりも「負けない」こと

佐藤　それから、この章で池田会長は次のように言われています。

「**広宣流布に励む人――すなわち『法師』は、生命が浄化《じょうか》され、強化される。『生命の偉大化』です。これが『法師の功徳』です**」（下巻七三ページ）

折伏がもたらす功徳は「六根清浄《ろっこんしょうじょう》」――すなわち自分自身の生命が浄化されていくことであり、その浄化によって生命力が強まっていくというのです。

学会員の皆さんがよく、「宿命転換には折伏しかない」と合言葉のように言われますが、それも〝生命が浄化されるがゆえに過去の宿業が消える〟ということなのかもしれません。

折伏によって生命が浄化され、生命力が強まるからこそ環境に負けないようになり、その結果として幸福になる――そういう方程式が、学会員の皆さんには共有されているのでしょう。『法華経の智慧《ちえ》』のこの章は、池田会長の幸福論のエッセンスとしても読むことができるように思います。例えば、次のような一節があります。

「『強い』人は『幸福』です。ただし、『強さ』というのは相対的なものです。環境と、自分の生命力との『関係』です。

生命力が弱く、しぼんでいると、つまらないことにもイライラし、左右されて、行き詰まり、不幸を感ずる。少し生命力が拡大して、家庭内のことなら解決できるだけの生命力になる。これなら家庭内のことでは行き詰まらない。

しかし一歩、地域のこと、町内・市内の問題となると行き詰まる。また、かりに一国を悠々《ゆうゆう》と繁栄《はんえい》の方向へ軌道に乗せていける生命力をもつ人がいても、いざ自分自身

の生老病死《しょうろうびょうし》の問題になると行き詰まってしまう。（中略）

幸福とは、環境（外界）と自分の生命力との『関係』で決まる。悪い環境に支配されたら不幸。悪い環境でも、こちらが支配し左右していけば幸福です」（下巻七二〜七三ページ）

環境に負けない生命力を持つことこそ幸福なのだという、シンプルで明快な幸福論がここにはあります。

今引用した部分から私が思い出したのは、池田会長の奥様（香峯子《かねこ》夫人）へのインタビュー集『香峯子抄』（主婦の友社）のなかで紹介された、「勝たなくてもいいから、負けないこと。どんな事態にあっても負けない一生を」という言葉です。奥様が学会の女性幹部によく言われる言葉だそうですが、これは〝環境に負けない生命力を持つことこそ幸福〟という池田会長の幸福観と深く響き合うものだと思います。

「勝つこと」と「負けないこと」は、一見同じことのように思えますが、実は微妙に異なります。「勝つこと」は外形的な結果であり、偶然性にも左右されます。それに対して「負けないこと」とは、自分が環境に支配されず、逆に環境を支配しているという内的な状態を指しているのだと思います。したがって、時には何かの勝負に負けるという外形的敗北があったとしても、内的には「どんな事態にあっても負けない」ことはできるのです。「勝たなくてもいいから、負けないこと」とは、そういう意味なのだと私は解釈しました。

創価学会員にとっての「六根清浄」

――この章ではさらに、六根清浄とは具体的にどのようなことなのかが論じられていきます。「六根」とは、視覚・嗅覚・聴覚・触覚・味覚の五感と意識を合わせた六つを言います。「根」は、能力と、能力を持つ器官を指します。例えば、視覚は「眼根《げんこん》」であり、聴覚を「耳根《にこん》」と呼びます。

佐藤　六根が浄化され、強化されるといっても、それは単に視力がよくなるとか、耳がよく聞こえるようになるといった表面的なことではないです。池田会長は「眼根」と「耳根」について、それぞれ次のように言われています。

「**『眼根清浄』と言っても、目が見えない人もいる。その人は『心眼《しんがん》』が開いていくのです。必ず開ける。反対に、視力が二・〇であっても、肝心なことは何も見えない人もいる。**（笑）」（下巻八二ページ）

「**『耳根清浄』なのだから、民衆の大地に耳をそばだて、耳を押しつけるようにして、庶民の声を聞いていかなければならない。一方通行では『耳根』は働いていない。清《せい》浄《じょう》でなく汚《よご》れている**」（下巻九〇ページ）

つまり、根本的な次元で感覚が研《と》ぎ澄《す》まされ、自分だけではなく人々の幸福のために力を発揮していけるということが、創価学会にとっての「六根清浄」の意味なのですね。言い換えれば、〝菩薩《ぼさつ》としての能力の強化〟を指すわけです。その意味では、創価学会でも幹部になるほどしっかり唱題《しょうだい》して六根清浄していかないといけないし、公明党議員こそ六根清浄して、国民の声に耳を澄まさないといけないのでしょう。

――おっしゃるとおりです。

佐藤　これはまったく個人的な感慨ですが、私は、創価学会の皆さんと深くおつきあいするようになってから、自分の生命力が強まってきたと感じています。

いくつかのインタビューや著作でも明かしていますが、私には慢性腎臓病があって、もう十年以上病院に通院しています。私の腎機能は、通常の人の一割くらいしか機能していません。しかし、数値上はすでに人工透析《とうせき》をしなければいけないくらい状態が悪いのに、私はとても元気に過ごせています。それは、同じキリスト教を信仰する同志が祈ってくれていることもありますが、同時に、学会員の皆さんが私のことを祈ってくださっているからこそだと感じています。祈りが生命力を強化するということは確かにあると、私は自分の健康を通しても実感しているのです。

そうした実感があるからこそ、政治の世界においても、きちんと勤行《ごんぎょう》・唱題をして六根清浄した公明党議員が、もっと増えて活躍してくれることを、私は心から望んでいます。いつも言うように、一つの確固たる価値観に沿って政治を行う「価値観政党」は、日本には公明党と共産党しかありません。しかし、共産党が拠《よ》って立つ科学的社会主義（マルクス・レーニン主義）思想は、人々を不幸にする誤った価値観です。だからこそ怖いのです。

――佐藤さんは、先ごろ刊行された池上彰《あきら》氏との対談集『真説 日本左翼史――戦後左派の源流 1945-1960』（講談社現代新書）においても、本質的次元からの日本共産党批判を展開されていましたね。

佐藤　はい。私は外交官として末期のソ連を目《ま》の当たりにしたので、共産主義の恐ろしさは身に染みて理解していますから。

例えば、ソ連には一般庶民が三階以上の建物に住むとき、窓にカーテンをつけないという慣例がありました。つけたとしてもレースのカーテンにとどめたのです。「内側が完全に見えないようなカーテンを自宅につけるということは、何か隠しておきたいようなやましいことがあるに違いない」と、当局から疑われるのを避けるためです。

それほどギスギスした監視国家であったのです。

――もしも日本共産党が政権に入ったら、いずれは日本もそうなりかねない、と。

佐藤　なりかねません。仮に共産党が政権に入って、三、四年その状態が維持されたとしたら、彼らを監視下に置く公安調査庁はつぶされるでしょうし、警察も少しずつ共産党勢力下に置かれるようになって、旧ソ連の秘密警察に近づいていくでしょう。まるでディストピア（暗黒世界）SFのようですが、現実にあり得る恐怖です。

『しんぶん赤旗』を読んでいると、人気の高い芸能人や知識人が登場して無邪気《むじゃき》に共産党を礼賛していますが、共産主義の恐ろしさをよくわかっていないなと感じます。共産主義、マルクスの思想に通暁《つうぎょう》した知識人のなかでも、例えば、ベストセラー『人新世《ひとしんせい》の「資本論」』（集英社新書）で話題の斎藤幸平さん（哲学者・経済思想史研究者／東京大学准教授）などは、『しんぶん赤旗』で共産党を礼賛したりはしないでしょう。日本共産党の本質をきちんと理解されているからです。

学会員の皆さんが「共産主義思想の本質を見抜きたい」と思われるなら、手前みそになりますが、私の『池田大作研究――世界宗教への道を追う』（朝日新聞出版）の第五章「夕張炭鉱《ゆうばりたんこう》労働組合問題の思想的意味」を熟読していただくとよいと思います。

あの本で一章を割いて「炭労問題（夕張事件）」（一九五七年に北海道・夕張炭鉱で起きた、炭労による創価学会員である組合員に対する組織的弾圧）を扱ったのはなぜかといえば、池田会長の共産主義に対する姿勢は、あの事件への対応のなかに集約されているからです。『人間革命』第十一巻に「炭労問題」の経緯を詳しく描《えが》くなかで、池田会長は共産主義思想の欠陥《けっかん》を完全に斬っています。あそこでもう決着がついているのです。

――公明党と日本共産党の本質的な違いは何だと思われますか？

佐藤　いろんな言い方ができますが、一つは対話に対する姿勢です。私は、共産党というのは本質的に〝対話ができない人たち〟だと思います。対話を装《よそお》う知恵はあっても、実は二つのモノローグ（独白《どくはく》）のぶつかり合いにしかならない。本来、対話というのは、対話を通じて自分の間違いに気づくなどして、互いが変容していく可能性を孕《はら》んだものです。ところが、共産党の人たちは自分が間違っているとは決して考えないし、凝《こ》り固まっているので、対話によって変わる可能性はゼロです。だから、そこに真の対話は成り立ちません。

次の国政選挙に向けて、創価学会の皆さんにはいっそう共産党の動向に警戒していただきたいと思います。

6

不軽菩薩の実践を現代に蘇らせた創価学会

〝価値観対決〟となった衆院選

――本題に入る前にまず、（二〇二一年）十月末に行われた衆議院議員総選挙の結果について、佐藤さんのご感想を伺えればと思います。

佐藤　私は以前から、「次回の総選挙は実質的には、公明党と日本共産党という二つの〝価値観政党〟による価値観対決――〝公・共対決〟だ」とコメントしてきました。マスコミは「自民党と、立憲民主党を中心とした野党共闘の対決」という図式で報じてきましたが、それは表面的な見方だと思うのです。

今回、公明党は比例区得票数七百万票台を回復して、公示前から三議席増やす大勝利を果たし、共産党は二議席減らす惨敗《ざんぱい》を喫《きっ》しました。これは、公明党の支持母体である創価学会の皆さんが信ずる日蓮仏法の価値観が、共産党のマルクス・レーニン主義の価値観に勝利したということにほかなりません。

私は今回の勝利を、七月の東京都議選における公明党の勝利と地続きだと感じました。都議選で本気になった学会員の皆さんが、その本気を維持したまま、動きと勢いが全国に波及した結果の勝利だ、と。

一方で共産党も、今回の衆院選には総力を結集したようです。例えば、『しんぶん赤旗』によれば、十月六日の「総選挙勝利オンライン全国総決起集会」で、「活動のテンポと規模を十倍に一気に引き上げることが提起され」たそうです。いつもの十倍戦う気構えで臨《のぞ》んだにもかかわらず、得票数を三十四万票も減らした（前回の四百四十万票から四百十六万票へ）わけです。そのことによる敗北感は大きかったはずです。

――それでも共産党は、「野党共闘は（中略）一定の効果をあげた」「このたたかいは、最初のチャレンジとして大きな歴史的意義があった」（二〇二一年十一月一日・日本共産党中央委員会常任幹部会「総選挙の結果について」）と、勝利だと強調しています。

佐藤　それは単なる負け惜しみではなく、ある面での本音《ほんね》でもあるでしょう。というのも、共産党はこれまで、全選挙区に候補者を立て、多くが供託金没収に至るという、「（太平洋戦争における日本軍の）ガダルカナル戦」並みの激しい消耗戦を続けてきたからです。比較的お金のかからない共産党の選挙であっても、一人の候補者について数百万円の費用はかかるはずです。その費用負担は、高齢化と退潮が進む共産党にとって深刻でしょう。

ところが、野党共闘で候補者を一本化し、共産党からの候補者を立てないとなれば、その負担が一気に減り、党全体としておそらく億単位の節約になるわけです。それは、苦しい党財政を考えれば大きな〝成果〟とも言えます。彼らは二十二世紀までを見据えた非常に長いスパンで、未来の共産主義社会実現を目指しているわけですから、その長い道程の一プロセスとしては勝利とも言えるわけです。

――総選挙で惨敗した立憲民主党には、「共産党との選挙協力が最大の敗因だった」という見方が広がり、選挙協力の見直しを求める動きも党内に出てきています。それに対して、共産党側は「(野党)共闘でも政策でも、方針そのものは正確だったと確信を持っている」(選挙翌日の志位《しい》和夫委員長の記者会見より)と述べていて、共闘を継続したい意向を示しています。

佐藤　それはそうです、共闘によって相当なお金が節約できるのですから。今後も、どんなに袖《そで》にされても共産は立民にラブコールを送り続けるでしょう。

それと、今回の総選挙に至る過程で、日本共産党の党綱領《こうりょう》が世間から大きな注目を浴びたことは、よいことだったと思います。

――テレビ番組「ひるおび！」（ＴＢＳ系）で、コメンテーターの八代英輝《やしろひでき》弁護士が共産党の「敵の出方論」について触れた発言が話題になった件ですね。

佐藤　はい。「共産党は暴力的な革命を、党の要綱《ようこう》として廃止してない」とした八代氏の発言に対して、共産党側が〝現在の党綱領にそのような記載はない〟と抗議して、八代氏は謝罪しました。しかし、現在の党綱領にはなくても、過去の党綱領（五一年綱領）に暴力革命を肯定する意味の文言があったことは事実です。

「敵の出方論」に非平和的な手段（暴力革命）が含まれると、現職共産党幹部の不破《ふわ》哲三《てつぞう》氏が著書（『現代政治と科学的社会主義』新日本出版社、一九六八年）で述べています。不破氏はこの見解をいまだ撤回していません。一連の騒動が、多くの人が共産党の「敵の出方論」について知る契機となったのは望ましいことです。選挙において正しい判断をするためには、世間の人たちも、日本共産党の歴史にもう少し目を向けるべきですから。

公明党に期待する中小企業支援

佐藤　二〇二二年、日本共産党は創立百周年を迎えますが、私はさまざまなメディアへの寄稿でそのことに触れるとき、「コミンテルン日本支部（日本共産党）創設百周年」と表記するようにしています。ソ連の指導によってコミンテルン（共産主義インターナショナル＝国際共産党）の日本支部として日本共産党が誕生したことは歴史的事実であり、そうした歴史をきちんと踏《ふ》まえたうえで、現在の共産党についても判断する必要があるからです。

――かつて公然と暴力革命を標榜《ひょうぼう》していたことなど、過去の共産党について無知なまま、現在のソフトイメージにごまかされて共産党を支持している人は、かなり多いですからね。

佐藤　そうした人たちの多くが、共産党に弱者救済、格差是正の役割を期待しているのでしょう。だからこそ、与党のなかで公明党がしっかりと弱者救済、格差是正に取り組んでいくことが、共産党に流れる人を減らすことにもつながるのです。

公明党が衆院選の公約に掲《かか》げ、選挙後、一気に実現に動いた「十八歳以下の子どもへの十万円給付」も、賛否両論がありますが、私は正しいと考えています。十万円という金額以前に、子育て世代に向けたメッセージとしての意義が大きいと思います。「子育て世代が危機に直面したとき、国は必ず対応します。放置したりはしません」というメッセージなのです。それを迅速《じんそく》に行うには、すべての人を対象とする普遍主義でやらざるを得ないし、財源に限りがある以上、年齢で区切らざるを得ないのです。もらえない側から不満の声が出ることも理解はできますが……。

関連して、私が今の公明党に期待するのは、中小・零細《れいさい》企業支援の動きを強めることです。

――そもそも公明党は、自民党が大企業の代弁者となり、革新政党が大企業労働組合の代弁者となる状況のなか、どちらにも属さない中小・零細企業の人々や個人事業主など、政治の谷間に放置されていた庶民の代弁者となるべく生まれた経緯があります。その意味では、中小・零細企業支援は公明党の大きな役割ですね。

佐藤　はい。もちろん、これまでも公明党による中小企業支援政策は多かったわけですが、私が注目しているのは事業承継《じぎょうしょうけい》に関する動きです。

――と、おっしゃいますと？

佐藤　中小・零細企業が、経営的には黒字であるのに、後継者がいないために廃業する例が増えています。事業承継は、中小企業の大きな悩みなのです。後継者不在による黒字倒産を防ぐため、M&A（企業の合併・買収）による生き残りを図る企業も増えています。いわゆる「スモール（小規模）M&A」です。日本企業の九九パーセント以上が中小企業ですが、そのことを反映して、日本で行われるM&Aも九割以上が

「スモールM&A」です。七割以上が買収額一千万円以下で、中心価格帯は二百万〜三百万円だそうです。そんなに安い金額で会社が売り買いされている。つまり、売る側もM&Aで大きな利益を上げようとしているわけではない。何とか事業を継続するための手段として用いているわけです。

そんなふうに生き残りに必死になっている中小企業を、倒産・廃業から救うための施策を、公明党に期待したいのです。

多くの中小企業が継続に苦慮《くりょ》している一方で、AI（人工知能）が今後普及していけば、大企業で働く事務職も、かなりの割合が仕事を失うことになるでしょう。大企業の事務職で十年くらい働けば、そこで行っていたマネジメントは中小企業の仕事にも大いに生かせるはずです。いまだにどんぶり勘定《かんじょう》で仕事をしている中小企業も少なくないですから、大企業のマネジメント手法を持ち込めば、飛躍的に効率化できるケースも多いでしょう。だから、人材不足に苦慮する中小企業と、大企業から弾《はじ》き出される人材をうまくマッチングすることが、日本経済の活性化に大きく寄与するはずです。そこに政治の力を使うことも、今後、公明党の重要な仕事になってくると思います。

また、金融機関について言えば、銀行を統合してメガバンクにする動きばかりが根強いですね。このまま行くと、信用金庫までが巨大資本の傘下《さんか》に組み込まれそうです。果たしてそういう方向だけでいいのか、私には疑問です。中小企業のサポートをしてきたのはもっぱら地場の信用金庫などであって、メガバンクには「中小企業など相手にしない」面もあります。だから、公明党にはむしろ、信用金庫を守るような政策を推進することで、間接的に中小企業を守る役割を期待したいですね。

不軽菩薩は学会員そのものである

――それでは、本題に入ります。ここからは「常不軽菩薩品《じょうふきょうぼさつほん》」の章を読み解いていただきます。

不軽菩薩は釈尊《しゃくそん》の過去世の姿の一つとされています。出会ったすべての人を尊敬し、礼拝《らいはい》する修行を生涯にわたって続け、そのことによって成仏《じょうぶつ》したと説かれる仏です。「不軽」という名は、すべての人を軽《かろ》んじなかったその姿勢に由来します。

佐藤　「すべての人には仏性《ぶっしょう》があり、誰人も等しく尊《とうと》い」と捉《とら》える法華経の思想の、体現者ともいうべき菩薩であるわけですね。

――はい。不軽菩薩はその姿勢を貫いたがゆえに迫害《はくがい》を受け続けました。出会った人すべてを礼拝し、「私はあなたを深く尊敬します。なぜなら、あなたは仏になることができるからです」と言い続けたのですが、いきなりそんなことを言われたら、不気味で不快な気持ちにもなるわけです。ゆえに、礼拝した相手に悪口罵詈《あっくめり》されたり、「杖木瓦石《じょうもくがしゃく》」――杖《つえ》で叩《たた》かれたり石を投げられたりする迫害を、しばしば受けました。

佐藤　法華経の強信者《ごうしんじゃ》でもあった宮沢賢治の有名な詩「雨ニモマケズ」は、不軽菩薩をモデルにしていると考えられていますね。「ミンナニデクノボートヨバレ」との一節は悪口罵詈の迫害を表現しているのでしょうが、それでも「決シテ瞋《いか》ラズ／イツモシヅカニワラッテヰル」というあたり、確かに不軽菩薩を思わせます。

――そして、『法華経の智慧《ちえ》』のこの章で、池田会長は〝不軽菩薩とは弘教《ぐきょう》に励む創価学会員の姿そのものである〟ということを、さまざまな角度から語っています。

佐藤　確かに、池田会長の次のような言葉に触れると、不軽菩薩と学会員の皆さんの姿が二重写しになります。

「最も苦しんでいる民衆のなかに分け入って、人々の苦しさ、悲しさに同苦し、救っていく。それが『仏』です。

しかも、民衆を救わんと戦うゆえに、傲慢《ごうまん》な権力者からは弾圧され、僧侶《そうりょ》をはじめ悪い指導者に迫害され、当の民衆からさえ憎まれる。『悪口罵詈』であり、『杖木瓦石』です。

その大難のなかにこそ、『仏』はいらっしゃるのです。どこか安楽な別世界で、悟《さと》りすましているのが『仏』ではない。怒濤《どとう》の社会の中へ、先頭を切って進むのが、『仏』なのです。先頭を切って進めば、必ず難を受ける」（下巻一〇四ページ）

この章で池田会長は、不軽菩薩の実践を通じて、「仏とはどのような存在なのか？」という根源的な問いかけをされていると思います。「仏」というと、一般には超越的で現実から切り離された色相荘厳《しきそうそうごん》な姿を思い浮かべがちです。しかし、創価学会における「仏」のイメージはまったく異なるのですね。

――ええ。確かに、阿弥陀仏《あみだぶつ》、大日如来《だいにちにょらい》、毘盧遮那仏《びるしゃなぶつ》など、大乗経典に説かれる仏は、超人的な姿と力を持った存在として描《えが》かれています。しかし、それらはあくまでも「架空の仏」だと、池田会長は言っています。

「『仏』とは架空の存在ではない。もちろん、『架空の仏』も方便《ほうべん》としては説かれた。しかし、真実の『仏』とは、この現実の五濁悪世《ごじょくあくせ》の世の中におられる」（下巻一〇三～一〇四ページ）

「架空の仏」は、〝仏とはこれほど素晴らしいものなのだ〟と民衆にわかりやすく教えるために、部分観として説かれたにすぎないと捉える立場です。

佐藤　現実のなかで苦闘しながら、人々を救済しようとする。そのなかで人から迫害されたり馬鹿にされたりもするけれど、それには屈せず、人々の仏性を信じ抜き、他者への尊敬を貫く……そうした姿こそが「真実の『仏』」なのだということでしょう。

この章から私が感じたのは、人々を救済しようと正しい教えを主張し実践していくと、そこに難が起きるのは必然だということです。キリスト教もイスラム教も、その布教の歴史は難に満ちていました。世界宗教になる過程と難は、ワンセットなのです。

そして、「苦しんでいる民衆のなかに分け入って」民衆を救う実践をするのが仏であるとすれば、創価学会を率《ひき》いてこられた三代会長が仏であるのは自明のことになります。この章で印象的なのは、〝三代会長は仏である〟ということが、明確な言葉ではなくても暗示されている点です。

例えば、この章の冒頭近くには、戸田第二代会長の訃報《ふほう》を聞いて駆けつけた日淳《にちじゅん》（日蓮正宗第六十五世法主《ほっす》）が、**「戸田先生は、本当に立派な方です。……仏様なんです**

よ」と言われたことが紹介されています（下巻一〇一ページ）。

〝不軽菩薩の実践こそ真の仏の姿であり、学会員の折伏《しゃくぶく》の実践こそ不軽菩薩そのものである〟というこの章の内容自体、宗門と訣別《けつべつ》したからこそ語れた面があるでしょう。

創価学会の「勤行要典《ごんぎょうようてん》」の御祈念文に、「三代会長への報恩感謝」が加えられ、三代会長それぞれの固有名詞が盛り込まれたことも、この章で語られている「真実の仏」観に呼応《こおう》した出来事なのでしょう。

それと、この章で特に心に残ったのは、池田会長の次の言葉です。

「戸田先生も、『民衆の希望』を担《にな》って、生きぬかれた。体は、二年間の獄中《ごくちゅう》生活で、ぼろぼろであった。しかし、先生は命を振りしぼって、生きて、生きて、生きぬかれた。国家悪に殺された牧口先生の『分身』として——」（下巻一〇二〜一〇三ページ）

この「分身」という言葉に、私は強い印象を受けました。池田会長も、戸田会長が亡くなられた直後——一九五八年四月二日付の日記に、次のように綴《つづ》られました。

「妙法の大英雄、広布の偉人たる先生の人生は、これで幕となる。しかし、先生の残せる、分身の生命は、第二部の、王仏冥合《おうぶつみょうごう》実現の決戦の幕を、いよいよ開くのだ。

われは立つ」(池田大作『若き日の日記』第三巻／聖教ワイド文庫)

ここにも「分身」が用いられています。この語から私が感じるのは身体性です。「師弟《してい》の絆《きずな》」というと、精神的な側面からわれわれは考えがちですが、三代会長を結ぶ強い師弟の絆は、精神面のみにとどまらず、身体性すら伴《ともな》うものであることが、「分身」の語に暗示されています。つまり、牧口会長と戸田会長、戸田会長と池田会長は、心身ともに一体不二《いったいふに》なのだと私は感じました。近年、哲学の領域では「身体性」ということが重要なキーワードとなっていますが、創価学会も身体性を重んじる教団であり、そのことがこの「分身」という表現にも示されていると感じました。

民衆蔑視の政治家は「魔もの」

佐藤　この章では、不軽菩薩の実践が弘教という一点に収斂《しゅうれん》されて語られています。しかし広い意味で言えば、弘教に限らず、生活のあらゆる側面に〝不軽菩薩的な実践〟があり得るのだと思います。

「法華経の修行の肝心《かんじん》は不軽品にて候《そうろう》なり。不軽菩薩の人を敬いしは、いかなることぞ。教主釈尊の出世の本懐《ほんかい》は人の振る舞いにて候《そうら》いけるぞ」（新版一五九七ページ・全集一一七四ページ）という、日蓮大聖人の御書の名高い一節があります。その意味で、創価学会員の皆さんの行動の模範も、不軽菩薩の振る舞いのなかにあるのでしょう。例えば、公明党の政治家について言うなら、苦しんでいる民衆を救おうという情熱を根底に据え、生活の現場に飛び込んで、時に罵倒《ばとう》されようと、それに屈せず行動する――そうしたあり方こそが、妙法を持《たも》った政治家らしい〝不軽菩薩的な実践〟だと思います。

この章で池田会長は、〝不軽菩薩的な実践〟の対極にある振る舞いについても語られています。

「民衆の苦しみをよそに、自分は傷つかないように、要領よくやろうというのは、それは『仏』ではない。『魔もの』です」（下巻一〇四ページ）

一見民衆のために戦っているようなふりをしつつ、実際には「自分は傷つかないように、要領よくやろうと」しているようでは、それは「魔もの」だというのです。すべての公明党議員が戒《いまし》めとすべき言葉でしょう。

総選挙で立憲民主党が惨敗したのも、本質的に捉えるなら、彼らのなかにある魔《ま》性《しょう》が表れたのだと思います。民衆の側に立っているふうを装いながらも、共産党が持つ固定票を当てにするだけの姑息《こそく》な姿をさらしたわけですから。本当に民衆の側に立っているなら、地道に組織を作り、自分たちの考え方を普及させていくことに徹するべきだったはずです。

この章で説かれる不軽菩薩の振る舞いは、民衆の側に立って頑張ろうとするすべての人の、一つのロールモデル（手本）になり得るでしょう。

7

未来の「創価文明」時代の象徴

『創学研究Ⅰ』は画期的な挑戦の書

――本題に入る前にまず、発刊されたばかりの『創学《そうがく》研究Ⅰ――信仰学とは何か』（創学研究所・編／第三文明社）について、コメントをいただければと思います。

佐藤　はい。これは私も深く関わった本です。

同書は、私と対談集『創価学会を語る』（第三文明社）を編《あ》んだ、日蓮研究者の松岡幹夫氏が所長を務める「創学研究所」の、設立（二〇一九年）から現在までの活動記録です。私も参加した同研究所主催のシンポジウムもまとめられています。私も論考（「キリスト教神学から見た『創価信仰学』」）を寄せています。

――「創学」という言葉は耳慣れないかと思いますが……。

佐藤　これは「創価信仰学」の略で、一言で言えば、創価学会の三代会長が推進した日蓮仏法の現代的展開を、学問として継承・発展させようとする試みです。創価学会には会員の信仰を深めるための「教学部」がありますが、教学が内部からの発信であるのに対して、「創学」は教団外部からの発信です。

とはいえ、創価学会に関する一般の中立的研究とも異なります。創価学会の信心を土台とした研究を行う立場を取るのが「創学」なのです。つまり、キリスト教における「神学」に相当するのが創学の立ち位置であり、「神学」という言葉を踏《ふ》まえて「創学」という略称が用いられているのだと思います。

――確かに、これまでの仏教には「仏教学」はあっても、キリスト教の「神学」に相当する領域がなかったように思います。

佐藤　言い換えれば、従来の仏教には「信仰学」がなかった。なぜなら、必要なかったからです。信仰学は、内部向けの教学ではなく、社会を支配する学問的真理と信仰の関係を考える学問です。キリスト教においては、世界宗教化を進めていくにつれ、信仰学である「神学」が発展していきました。それに対して仏教は、西欧世界では一部のインテリや移民コミュニティーなどに受け入れられたものの、現地の生活に広く入り込むことはありませんでした。つまり、従来の仏教は真の世界宗教ではなかったから、神学的なものがなくてもやってこられたのです。

ところが、現在の創価学会は、世界の人々の生活レベルにまで浸透する大教団になっています。仏教史上、初めて真の世界宗教になりつつあるのです。そのため、創価学会は神学的な取り組みが強く求められる時期にさしかかっています。

ここでまた、キリスト教神学とのアナロジー（類推《るいすい》）を用いれば、創学研究所の取り組みは「キリスト教思想」という領域に近いと思います。一般の教義学は教会のドクトリン（教理）であり、教団全体で共有されます。それに対して、キリスト教思想は教義学の外側にあって、個人の立場から宗教論や信仰論などが展開されます。個人の試論であるキリスト教思想は、正式な教会のドクトリンではありません。しかし、教会に対して新しい見解を提供し、教義の再構成や展開に役立ってきました。

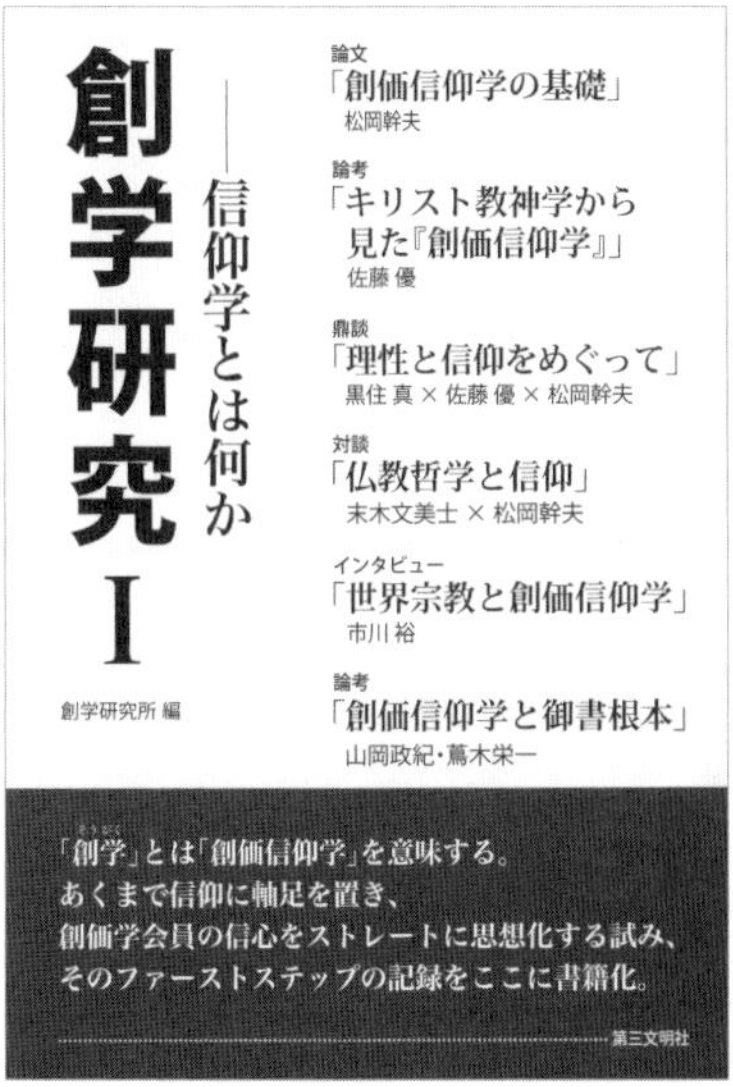

創学研究所編『創学研究Ⅰ―信仰学とは何か』（2021年12月刊）

同様に、創価学会の教学の外側から発せられる創学研究所の取り組みは、未来の学会教学にも重要な示唆《しさ》を与えると思います。そう思うからこそ、私も創学研究所の設立当初から、ずっと協力してきたのです。

――今回の『創学研究Ⅰ』は、一般の創価学会員にとっても有意義な書だと思われますか？

佐藤　もちろんです。個々の学会員の皆さんが信仰を深めるためにも役立つ、画期的な論考集だと思います。

例えば、二〇二一年十一月に発刊された『日蓮大聖人御書全集　新版』の意義を考えるうえでも、『創学研究Ⅰ』は重要な視点を提供してくれます。御書新版は、世界宗教としての創価学会の「キャノン」（正典）であって、単に日蓮遺文を集成した古典の書物ではありません。だからこそ、文献学の視点よりも信仰学の視点からひもとくことが重要になるのです。

何より、『創学研究Ⅰ』の全体を貫くテーマは「御書根本」です。そのなかでは、創価学会の重要御書である「御義口伝《おんぎくでん》」の位置づけが繰り返し論じられるなど、御書の深い読み解きに役立つ卓見《たっけん》がちりばめられています。

もう一つ指摘するなら、『創学研究Ⅰ』は、世界宗教化していくこれからの創価学会がどうあるべきかを考察するうえでも、重要な示唆を与えていることです。例えば、同書では「創価学会会憲《かいけん》」の前文に記された「学会精神」を踏まえて、宗教間対話の原理なども論じられています。会憲や、つい最近制定された「創価学会社会憲章」（二〇二一年十一月十八日施行）に定められた会の基本理念の思想的根拠を考えるうえでも、今回の『創学研究Ⅰ』の内容は有意義だと思います。

国家主義の対極にある「人間主義」

――それでは、本題に入ります。前回に引き続き、「常不軽菩薩品《じょうふきょうぼさつほん》」の章を読み解いていただきます。

佐藤　出会ったすべての人を礼拝《らいはい》し続けたという、「不軽菩薩」の振る舞いが論じられた章です。前回は主に、不軽菩薩の実践を現代に蘇《よみがえ》らせたのは創価学会であるという視点から読み解きました。この章のもう一つのテーマは民衆論ですね。池田会長の民衆観が、不軽菩薩の実践を通して語られている。

不軽菩薩がすべての民衆を礼拝し続けた姿は、〝民衆こそ尊《とうと》い〟と捉《とら》え、徹して民衆の側に立ち続けてこられた池田会長の姿勢と、二重写しになります。そこにあるのは、民衆を蔑視《べっし》する愚民思想の対極にある思想――いわば〝賢民思想〟です。

ただ、誤解してはいけないのは、それはいわゆる「大衆迎合主義」――ポピュリズムとは異なるものだということです。池田会長は、決して手放しで民衆を礼賛《らいさん》しているわけではない。民衆も時には、権力によるプロパガンダに踊らされるなどして、愚《おろ》かな暴走をしてしまうことはあります。池田会長は、そうしたマイナス面も重々承知のうえで、根源的な次元で〝民衆への信頼感〟を持っておられるのだと思います。それは〝正しい仏法を奉《ほう》ずる民衆がたとえ一部でもいる限り――極端に言えば一人でもいる限り――長い目で見れば、民衆は必ず正しい道を選ぶ〟という確信に基づく信頼感でしょう。

言い換えれば、池田会長は民衆を、一人一人の血の通った個の集まりとして捉えておられるのだと思います。それは「人間主義」に基づいた民衆観と言えます。無機質なマス（集団）として、十把一絡《じっぱひとから》げに捉えているのではない。

そのことを踏まえて読むと、この章の次のような一節は、いっそう心に響きます。

「国家主義とは何か。その根本には『力の崇拝《すうはい》』があります。不軽菩薩と対極です」（下巻一二一ページ）

「人間のために社会・国家があるのであって、その逆ではない。国家優先の思想は、『力の崇拝』であり、要するに『弱肉強食』になっていく。人間愛の『不軽菩薩』と対極です」（下巻一二四ページ）

一人を大切にし、一人を礼拝する不軽菩薩の「人間主義」を、個々の人間をないがしろにする国家主義と対比させて語られた箇所です。

――そういえば、佐藤さんは池田会長の次の言葉を、さまざまな場面で繰り返し引用されていますね。

「国家主義というのは、一種の宗教である。誤れる宗教である。国のために人間がいるのではない。人間のために、人間が国をつくったのだ。これを逆さまにした〝転倒の宗教〟が国家信仰である」(池田大作『池田大作名言100選』中央公論新社)

佐藤 はい。池田会長の思想が凝縮《ぎょうしゅく》された、見事な名言だと思います。今引用した箇所は、あの名言をさらに広げて展開したような内容になっています。そこでは、歴史家アーノルド・トインビーの国家主義に対する言説が引用されます。

「**トインビー博士は、集団的な人間の力を崇拝している点で、ナショナリズム、ファシズム(全体主義)、共産主義は共通していると喝破《かっぱ》されていた。国家主義という宗教のもとでは、『人間』は、あくまで『国家』の一部にすぎない。手段にされ、道具にされる。『人間の尊厳』が『国家のエゴ』に踏みにじられてしまう宗教です**」(下巻一二二ページ)

そのうえで、牧口初代会長の命を懸けた国家神道《しんとう》との戦いが、〝国家崇拝という宗教との戦い〟でもあったと論じられています。

「**先生が『神札』を拒否したということは、本質は『国家崇拝』を拒否したのです。〝国家より、人間が大事ではないか！　皆が不幸になっていくのを見過ごすことなど、絶対にできない！〟という、やむにやまれぬ叫びだったのです**」（下巻一二五ページ）

そのような、〝集団力を崇拝する、国家主義という邪教〟の対極にある思想が、徹して一人を大切にする池田会長の「人間主義」です。そして、牧口会長、戸田会長、ひいては不軽菩薩も、その「人間主義」の側に立って戦ったわけです。

――日本共産党も、〝集団力崇拝教〟の一種と言えそうですね。

佐藤　そう思います。トインビーが言うところの〝集団的な人間の力を崇拝する三つの宗教〟のうちの二つ――共産主義とナショナリズムが結びついていますからね。創価学会と日本共産党が相いれないのも、一つにはその点が根本的に対極にあるからでしょう。

しかも怖いのは、共産党の人たちが自分たちの思想を〝集団力を崇拝する宗教〟だとは微塵《みじん》も考えていない点です。むしろ、宗教全般を時代遅れの迷信と捉えて、自分たちの思想だけが科学的だと信じていますから。

「創価文明」の基盤になる新版御書

――『日蓮大聖人御書全集　新版』の意義については、この連載の第六十四回（本書第四章）でも一項を割《さ》いて論じていただきました。ただ、ようやく現物が届いたという方や、まだこれからという方も多いと思いますので、もう一度、別の角度から意義を語っていただけますか。

佐藤　私は、今回発刊された新版御書というのは、今後「創価文明」が世界に広がっていくうえで、その基盤となる書物だと思います。

いきなり「創価文明」と言ってもピンとこないでしょうから、説明します。私の理解では、これまでの人類史で真に文明と呼び得るものは四つしかありません。キリスト教文明・イスラム教文明・儒教文明・ヒンドゥー教文明です。

――「仏教文明」は、佐藤さんのご認識では生まれなかったということですか。

佐藤　はい。私は、文明の基本となるのは「キャノン（正典）」だと考えています。多様な文化を束《たば》ねて一つの強固な枠を作り、その枠内から人々が出ていかないようにする規律となり得るのが、真の文明なのです。

キリスト教文明のキャノンは、もちろん旧約・新約聖書です。したがって、ユダヤ教もキリスト教文明の枠に入れていいと思います。部分的に同じキャノンを共有していますから。

イスラム文明のキャノンは『コーラン』で、儒教文明のキャノンは四書五経《ししょごきょう》（『論語』などの「四書」と『易経《えききょう》』などの「五経」）。ヒンドゥー教のキャノンは『ヴェーダ』

です。そう考えると、従来の仏教はあまりに多様化し過ぎて、一つのキャノンに絞ることができないという点で、「仏教文明」としてくることができないと思うのです。逆に言うと、仏教が世界宗教化しなかった理由の一つは、統一されたキャノンを持ち得なかったことにあると思います。

キャノンになり得るのは、「一人の人間が暗誦《あんしょう》できる範囲」の文書だと、私は考えています。稗田阿礼《ひえだのあれ》(『古事記』の編纂《へんさん》者の一人)は、『古事記』全文を暗誦できたとされていますね。現代のわれわれは暗誦能力が衰《おとろ》えていますが、人間の能力の限界を考えれば、『聖書』も『コーラン』も「四書五経」も暗誦可能な範囲です。そして、『日蓮大聖人御書全集』と新・旧の『人間革命』は、全部合わせても暗誦可能な範囲だと思うのです。

――暗誦するのはなかなか大変そうですが(笑)、可能性の限界という意味ではそうかもしれません。

佐藤　暗誦は難《むずか》しいとしても、各国のＳＧＩメンバーが、必要に応じてランダムアクセス（任意の箇所を引用）できるわけです。一つの統一された内容に各自がランダムアクセスできることも、キャノンの要件です。なぜなら、ランダムアクセスできれば、日常でぶつかるさまざまな疑問や困難に際して、それに対応するためのキャノンの一節が見つけられるからです。

――確かに、すべて暗誦まではしていなくとも、「〇〇御書にはこう書かれている」と、御書を自在に引用しながら話すことができる学会員は数多くいます。

佐藤　そして、新版御書と新・旧『人間革命』というキャノンがすべて整ったことによって、将来的に「創価文明」が五つ目の文明として世界に広がるための基盤が整ったのです。

――ちなみに、今の日本は四つのうちのどの文明に属しているとお考えですか。

佐藤　儒教文明ですね。戦前あたりまでの家父長制とか、長幼《ちょうよう》の序や親孝行を重んじる点とか、さまざまな面で儒教からの影響が社会の基調を形成してきました。

時代とともに儒教の影響は薄れてきてはいますが、今でも名残《なごり》はあります。例えば、日本は生活保護の「捕捉率《ほそくりつ》」（利用資格のある人のうち、現に利用している人の割合）が二割程度にとどまっていて、先進各国のなかで著《いちじる》しく低いことで知られています。そこには、「廉恥《れんち》（恥を知る心）の徳」を重んじる儒教の影響もあると思います。必要な人が生活保護を受給することは本来「恥」ではないのですが、日本人はどうしても「恥」と捉えてしまいがちで、そのせいで受給を強くためらうわけです。

創価文明は他文明と平和共存できる

佐藤　そう考えますと、今の日本の創価学会員の皆さんは、二つの文明に同時に属して生きているとも言えるわけです。日本社会の儒教文明のコード（規範）のなかで生活しながら、同時に創価学会の教えを生き方の確固たる基盤として持っているのですから。

――なるほど。

佐藤　それはすごいことで、今後世界に広がっていく「創価文明」は、他の文明と共存共栄していけるという特質を持っているのです。例えば、キリスト教文明圏やイスラム教文明圏に広まっていっても、自然な形でそのなかに溶け込める。サミュエル・ハンチントン（アメリカの国際政治学者）が言うような「文明の衝突」は、そこに起こらないわけです。つまり、創価文明というのは、〝文明と文明が出合うとき、衝突は不可避である〟というハンチントンの文明観の枠には収まりきらない、新しいタイプの文明と言えます。

――創価文明は他の文明を侵食《しんしょく》・征服していく文明ではなく、ある種の〝透明性〟を持っているわけですね。今、各国のSGI組織は、その国の社会と軋轢《あつれき》を起こすことなく溶け込んでいますが、それも創価文明の特質の反映かもしれませんね。

佐藤　はい。各国にSGIが広がっていくなかで、「いろんな理由から、それまでの宗教を捨てられない」という人も多いでしょう。例えば、イスラム教は基本的に棄《き》教《きょう》を許していません。

そういう人であっても、〝創価文明のコード〟を学び、自分のなかに持って生きることは十分に可能なのです。そのことによって生き方が豊かになる。そういう特質を持っているからこそ、創価文明はこれからのグローバル時代にマッチした平和文明の礎《いしずえ》になり得るのです。

そして、なぜ創価文明が〝他の文明と共存共栄していけるという特質〟を持っているかといえば、この章の池田会長と対話者の次のようなやりとりにその答えがあると思います。

「自分の仏界を自覚していない〝異教徒〟であっても、仏界の当体である事実は変わりません。不軽菩薩が礼拝した通りです。ゆえに法華経の精神からは、暴力は絶対に出てきません。（中略）

ありとあらゆる暴力と対極にあるのが『不軽菩薩』です。法華経です。『暴力』に対する『精神闘争』が法華経なのです」（下巻一一〇〜一一一ページ）

不軽菩薩が初対面の人であっても、相手の生命の奥底《おうてい》にある仏性《ぶっしょう》に向かって礼拝したように、創価学会／ＳＧＩは、異なる文明・イデオロギーの相手でも、仏界の当体として敬意を払って接するわけです。創価文明はそのような生命尊極の思想を根底に持つからこそ、他文明と共存共栄できるのです。そして、この章で詳しく論じられる不軽菩薩は、未来の「創価文明」時代の象徴とも言えます。

「仏教が平和的とは限らない。昔の日本には僧兵という武装集団がいたし、現代だって仏教の宗派同士の争いが絶えないではないか」と言う人もいるでしょうが、創価学会には宗教上の理由で人を殺したという負の歴史はありません。私がよく言うことですが、創価学会と日蓮正宗宗門の訣別《けつべつ》に至るまでの激しい確執《かくしつ》が続いた時期にも、それが言論闘争や法廷闘争にとどまり、学会員による暴力事件が起きなかったことは、特筆すべきです。極左集団同士の争いがしばしば「内ゲバ」という名の殺人に至ったことと対照的です。そしてそれは、生命尊極の思想が創価学会の根底にあることの反映なのです。

そもそも、創価学会と宗門の争いの根底にあったのは、宗門が他文明と共存共栄できない一元的価値観に染まっていたことだったと私は思います。「歓喜の歌」を会合で歌うのは謗法《ほうぼう》だなどと、自分たちの価値観だけしか認めない宗門の姿勢が、創価学会の多元的価値観と相いれなかったのは必然だったのです。

8

「われこそは不軽菩薩」との誇りを胸に

対面で話すことの意義を考える

——本題に入る前に、佐藤さんの近著の一つである斎藤環《たまき》氏（精神科医／筑波大学教授）との対談集『なぜ人に会うのはつらいのか』（中公新書ラクレ）が、読者にとっても有意義な内容だと思いましたので、少し話題にしたいと思います。

佐藤　わかりました。同書は斎藤さんと私が編《あ》んだ二冊目の対談集ですが、今回は一冊丸ごとコロナ禍《か》がテーマです。

――一章を割《さ》いて、人が人と直接会って対話することの意義が語られていますね。そのなかで、対面での対話と、Ｚｏｏｍなどを用いたリモート対話の本質的な違いが論じられていて、「なるほど」と膝《ひざ》を打ちました。

佐藤　対面での対話とリモートでの対話は、相手の顔や表情が見えて声が聞こえるという点では同じです。それにもかかわらず、コロナ禍以降私たちが実感したように、リモートでの対話には、何か物足りなさがあります。「対面に比べて伝わらないものがある」と感じるのです。その違いは何に起因するのかと斎藤さんに尋《たず》ねてみたら、次のような答えが返ってきました。

「それは現前性、臨場性の効果だと、私は思っています。そこに『物』として存在するということが、非常に強い力を及ぼす。『オーラ』と言ってもいいでしょう。（中略）

平時ならあまり意識されることはなかったのですが、実は目の前に人間がいるというのは、それ自体が自我境界《じがきょうかい》を脅《おびや》かす出来事だったわけです。そのことにより、我々はZoom画面に映るタイル状の平たい顔面をはるかに超えた情報量、エネルギーを否応《いやおう》なしに受け取ることになります」

コロナ禍以降、創価学会もリモートによる会合が多くなったようですが、そのなかで学会員の皆さんも同じような実感を持っているのではないでしょうか。「リモートは、直接会う会合とはやっぱり何かが違う。熱がうまく伝わらない」と……。

――コロナ禍が始まってから二年を経ていますので、コツがつかめてきて、リモート会合とリアルで行う会合を上手に使い分けているようです。会合にも、「情報伝達ができればいい」という事務的なものもあれば、「参加者に熱を伝えないといけない」というものもあります。前者はなるべくリモートで済ませて、後者は感染予防に配慮しつつもリアルな会合として行う、という感じでしょうか。

佐藤　大切なことだと思います。おそらく、コロナ禍が収束《しゅうそく》してからも、事務的な会合はなるべくリモートで済ます形になっていくのでしょう。しかし、仏法対話のように熱を伝えることが不可欠なものは、やはり対面が望ましいでしょうね。

――一つ前の章になりますが、『法華経の智慧《ちえ》』の「法師功徳品《ほっしくどくほん》」の章でも、いわゆる「六根《ろっこん》」（視覚・聴覚・嗅覚・味覚・触覚・意識）のなかでも特に「耳根《にこん》」（聴覚）の重要性が強調されていました。「人間の五官のなかで、耳はいちばん早く活動を始め、いちばん遅くまで活動する器官とされる」（下巻八八ページ）と。また、池田会長はそのくだりで次のように語っています。

「ともかく『耳根得道《とくどう》』なのだから、『語る』ことです。『声を出す』ことです。広宣《こうせん》流布《るふ》の『声』を聞かせていくことです」（下巻九〇ページ）

佐藤　電気のない時代には、直接会わなければ声を聞くこともできなかったわけですから、日蓮大聖人の御書で「耳根得道」（仏法を耳で聞くことによって成仏《じょうぶつ》すること）が強調されているのは、直接会って対話することの重要性が説かれていることにほかならないでしょう。

『緊急取調室』という、天海祐希《あまみゆうき》さん主演の刑事ドラマ・シリーズがあります（テレビ朝日系）。あのドラマのなかにも、刑事が犯人の声の調子に耳を研《と》ぎ澄《す》まして真実に迫る場面がよくあります。声には人間性があらわになるし、「声、仏事をなす」（新版九八五ページ・全集七〇八ページ）とも言われるとおり、真剣な声で直接語りかけることによって、相手の生命を揺り動かすこともできるのでしょう。

コロナ禍対応をいかに柔軟に行うか

佐藤　今回のテーマとなる章にも、友と直接会って対話することの重要性を強調した一節がありますね。

あるジャーナリストに「どうして創価学会は発展したのか」と聞かれて、池田会長は「私が一人一人の会員と直接会い、語りあってきたからです」と答えたそうです。会長はその言葉について、次のように言います。

「それぞれの地域での皆さんの苦労が土台にあることは言うまでもない。ただ、何か、『組織の力』とか命令とかで、大衆がこれだけの団結をするはずがないということです。一人一人を真心こめて大切にしてきたから学会は強いのです。学会のその『心』を強調したかったのです」（下巻一〇七ページ）

師匠との直接の対話によって、生命が受ける感化——それによって信心の原点をつくった学会員さんが、全国津々浦々にいて、その方々が発展の土台となってきたのでしょう。

直接の対話を重視してきたのは、創価学会に限ったことではありません。会うことや集《つど》うことが、最も重視されるのが宗教の世界です。ところが、コロナ禍はその根幹部分に大きな制約を加えてきたわけです。ビジネスの世界では、特に飲食業やイベント関連業、旅行業などがコロナで大きな打撃を受けました。

宗教界も、経済的ダメージではないにしろ、コロナによって打撃を受けたと思います。それは、キリスト教もイスラム教もしかりです。

例えばキリスト教の場合、洗礼と並んで重視される儀式に「聖餐式《せいさん》」があります。イエス・キリストが「最後の晩餐」でパンとぶどう酒を「これわが体なり、わが血なり」と言って分け与えたことに基づいて、パンとぶどう酒を会衆に分かつものです。これは従来なら、教会に集まらずに行うことなど考えられなかったのですが、最近はその聖餐式でさえもＺｏｏｍで行えるようになってきています。私の行く教会でもそうです。現実問題として、宗教儀式での集団感染は絶対に避けなければいけませんから、そのような柔軟な対応も不可欠になるわけです。

もちろん、対面で直接話すことの重要性は、何ら減じたわけではありません。ただ、それはそれとして、コロナ禍における「ニューノーマル（新しい生活様式）」に対応することが、社会的存在である宗教団体には強く求められているのです。

その点、創価学会のコロナ対応は、ある意味で他の宗教団体のお手本と言えそうです。学会ほどの巨大教団が、クラスターを発生させることもなく、さりとて、コロナ禍のせいで教勢が衰《おとろ》えたということもない。むしろ、公明党支援などにおいては、活動が制限されるなかで見事な勝利を遂《と》げてきたのですから、すごいことです。

「日蓮仏法は排他的だ」という誤解

――では、今回の本題に入ります。前回に引き続き、「常不軽菩薩品《じょうふきょうぼさつほん》」の章を読み解いていただきます。

佐藤　この章で池田会長は、「**仏法はいったい、何を説いたのか。その結論が法華経であり、具体的実践は不軽品につきる**」（下巻一〇四～一〇五ページ）と言われています。そして、「不軽菩薩の人を敬いしは、いかなることぞ。教主釈尊《しゃくそん》の出世の本懐《ほんかい》は人の振る舞いにて候《そうら》いけるぞ」（新版一五九七ページ・全集一一七四ページ）との名高い一節を踏《ふ》まえ、「不軽菩薩の生き方」が「仏法の真髄《しんずい》」であると強調されています。

――不軽菩薩の生き方といえば、あらゆる人を礼拝《らいはい》したという「礼拝行」に尽きますね。

佐藤　そうです。出会ったすべての人に対して、こう言って礼拝したと説かれています。

「我《わ》れは深く汝等《なんだち》を敬い、敢《あえ》て軽慢《きょうまん》せず。所以《ゆえん》は何《いか》ん。汝等は皆《み》な菩薩の道《どう》を行《ぎょう》じて、当《まさ》に作仏《さぶつ》することを得《う》べし」(私は深く、あなた方を敬います。決して、軽《かろ》んじたり、慢《あなど》ったりいたしません。なぜなら、あなた方は皆、菩薩道の修行をすれば、必ず仏になることができるからです)

この一文は漢文では二十四文字から成るため、「二十四文字の法華経」と呼ばれています。

「法華経とはいったい、何を説いたのか。それがこの二十四字に凝縮《ぎょうしゅく》されているということです。

一切衆生《しゅじょう》に『仏性《ぶっしょう》』がある。『仏界』がある。その『仏界』を不軽菩薩は、礼拝し

たのです。**法華経の経文《きょうもん》上では〝一切衆生に仏性がある〟とは明示されていない。しかし、厳然と、そのことを主張しているのです。これ以上の『生命尊厳』の思想はない**」(下巻一一〇ページ)

法華経の思想が「この二十四字に凝縮されている」ということは、万人を仏として尊敬し、礼拝する生命尊厳の思想だということです。

そして、日蓮大聖人は「法華経の修行の肝心は不軽品にて候なり」(新版一五九七ページ・全集一一七四ページ)と、不軽菩薩の礼拝行に「法華経の修行」のエッセンスを見いだしていました。そのことを深読みするなら、大聖人にとって、題目を唱える行為は、不軽菩薩の礼拝行と同じ意義を持っていたということではないでしょうか。

――なるほど。

佐藤　そう考えてみると、「日蓮仏法は排他的で不寛容である」という、世間一般にありがちなイメージが、いかに的外れであるかがわかります。

排他主義／排外主義は、自分たちの所属する集団を絶対視して、他の集団に対して排斥《はいせき》的・敵対的・攻撃的になることを言います。それはしばしば暴力と結びつき、他集団を迫害《はくがい》の対象として、時には生命すら奪います。ナチス・ドイツの行ったホロコーストが、典型的事例です。つまり、生命尊厳や万人平等の思想の対極にあるのです。その意味で、法華経も日蓮仏法も、むしろ排他主義／排外主義の対極にある思想と言えます。

――世間が日蓮仏法を排他的と捉《とら》えがちなのは、一つには「四箇《しか》の格言」のイメージが強いからでしょう。諸宗に対して加えられた批判を、「念仏無間《むけん》・禅天魔《ぜんてんま》・真言亡国・律国賊」の四つに要約した言葉です。それは表面的には、自宗だけを絶対視して、他宗を排斥しようとする排他主義のように思えるでしょう。

佐藤　そうした誤解を解くためには、私と対談集『創価学会を語る』を編んだ日蓮研究者・松岡幹夫さんの『新版　日蓮仏法と池田大作の思想』（第三文明社）を読むとよいでしょう。日蓮仏法が実は排他的ではないということが、説得的に論じられているからです。

同書には、「日蓮仏法の折伏《しゃくぶく》は決して排他主義ではない。じつはその反対であり、排他性と戦うことが折伏なのである」とあります。どういうことかというと、「四箇の格言」で批判した諸宗はいずれも、法華誹謗《ひぼう》という形で排他的な攻撃を行っていたのであり、日蓮大聖人はそれらの攻撃に対する応戦――つまり「護法《ごほう》の戦い」として論陣を張っていただけだというのです。

例えば、浄土宗の法然《ほうねん》は『選択集《せんちゃくしゅう》』で法華経を「捨閉閣抛《しゃへいかくほう》」（捨てよ、閉じよ、閣《さしお》け、抛《なげう》て）と誹謗しましたし、真言宗の開祖・空海は『十住心論《じゅうじゅうしんろん》』等で法華経を「戯論《けろん》」と断じました。日蓮大聖人はそうした法華誹謗の誤りを指摘して反論したのであって、松岡さんが言うように、むしろ他宗の排他性と戦ったのです。

――確かにそうですね。言論戦を展開したのであって、他宗を迫害することを求めたわけではありません。

佐藤 「一切衆生に仏性がある」と捉える以上、法華誹謗という罪を犯《おか》している他宗の僧侶《そうりょ》の生命にも仏性があるわけですから、日蓮大聖人が彼らが迫害されることを望むはずはありません。また、別の見方をするなら、浄土宗の厭世《えんせい》思想が自殺を誘発しやすいなど、他宗の思想に生命尊厳への毀損《きそん》が含まれていたことから、それと戦うことで法華経を守ったとも言えるでしょう。

大聖人はあくまで、絶対的な平等思想・生命尊厳思想である法華経を守るために、諸宗の法華誹謗と戦ったのです。それはいわば「戦う寛容主義」ではあっても、決して排他主義ではありません。

「小我」を超えた「大我」に生きる

佐藤 この章の後半で、池田会長は、広宣流布のために戦う創価学会員たちこそ、現代の不軽菩薩であると強調されています。

そこではまず、法華経のなかで釈尊が「常不軽菩薩は豈《あ》に異人《ことひと》ならんや。則《すなわ》ち我が身是《こ》れなり（この不軽菩薩とは、だれのことか？　ほかならぬ私のことなのだ）」と宣言する場面が紹介されます。次に、日蓮大聖人が御書のなかで、その法華経の一節をさらに深く身読《しんどく》され、「今の私の戦いは不軽菩薩と同じ」と確信される姿を紹介されます。そして最後に、学会員こそ不軽菩薩であるとの確信を、次のように力強く語られます。

「今です。この今、広宣流布へ『戦おう！』という『一念』の中にのみ妙法蓮華経は生きている。『豈に異人ならんや』。大聖人は『不軽菩薩はじつは釈尊であった。今、大難にあっている私もじつは釈尊なのだ。仏なのだ』と教えてくださっているのです。それが分からないと、法華経を学んだことにならないよ、と。（中略）

要するに学会員です。最前線の学会の同志こそが、不軽菩薩なのです。皆から尊敬されて、自分が偉いと思っているのは『増上慢《ぞうじょうまん》の四衆《ししゅ》』です。幹部にしても、だれにしても、『創価学会』という不思議な仏勅《ぶっちょく》の団体に力があるからこそ、活躍もできるし、ものごとも進む。それを自分の力のように錯覚するところに、転落が始まり、

堕落《だらく》が始まる。
ともあれ『豈に異人ならんや』――自分自身が不軽菩薩なんだ、南無妙法蓮華経の当体なんだと決めて、『不軽』の修行をしていくことです」（下巻一一七～一一八ページ）

――「個我《こが》（個人としての自我）の輪廻《りんね》」などという次元を超えた、宗教的確信のことを語っているのですね。

佐藤　そうです。ここにあるのは、近代的な個我の立場からの指導ではありません。釈尊も大聖人も学会員の皆さんも、全員が過去世に不軽菩薩だったという考え方は、「個我の輪廻」という見方を取るなら、決して成り立ちません。

しかし、大乗仏教では個我という「小我《しょうが》」を超えた「大我《たいが》」を説きます。「大我」とは、宇宙大の仏と一体となった自己のことです。その立場に立つなら、広布のために戦うすべての学会員が不軽菩薩と一体であるという捉え方も成り立ちます。それは、個我としての自分を失うということではない。自分は自分のままで、同時に不軽菩薩と一体でもあり得るのです。

――池田会長がスピーチなどでよく言及する〝「小我」から「大我」へ〟というのはそういうことなのですね。

佐藤　はい。なかでもよく知られているのは、一九七四年にアメリカのＵＣＬＡ（カリフォルニア大学ロサンゼルス校）での池田会長の講演「二十一世紀への提言――ヒューマニティーの世紀に」で語られた言葉でしょう。そこには、次のような言葉があります。

「無常の現象に目を奪われ、煩悩《ぼんのう》に責められているのは『小我』にとらわれているのであり、その奥にある普遍的真理を悟《さと》り、そのうえに立って無常の現象を包み込んでいく生き方こそ『大我』に生きるといえましょう。

この『大我』とは、宇宙の根本的な原理であり、またそれは同時に、私たちの生命のさまざまな動きを発現させていく、根本的な本体をとらえた『法』であります。

（中略）

『小我』でなく『大我』に生きるということは、決して『小我』を捨てるということではない。むしろ『大我』があって『小我』が生かされるということなのでありま す」（池田大作『海外諸大学講演集　二十一世紀文明と大乗仏教』聖教新聞社）

この講演の模様は、『新・人間革命』第十九巻「陽光」の章でも描《えが》かれています。

――創価学会員のなかにも、自分自身の悩みや不幸の解決を求めたことがきっかけで入会したとしても、学会活動と勤行《ごんぎょう》・唱題《しょうだい》に励むうち、他者のこと、社会のこと、ひいては広宣流布のことを真剣に祈れる自分に変わっていった――という事例が数多くあるようです。それもある意味で「『小我』でなく『大我』に生きる」ということなのでしょうね。

佐藤　そう思います。そして、広宣流布のことを真剣に祈れる境涯《きょうがい》になり、日々戦っていくとき、「自分自身が不軽菩薩なんだ」との確信にも立てるのでしょう。

大我に生きる境涯になっても小我が消えるわけではないので、個人としての宿業は背負っています。しかし、大我の生命を涌現《ゆげん》させることによって、個我のなかの宿業も次第に浄化されていく……そういうことなのではないでしょうか。

――この章にも言及がありますが、法華経を広める功徳によって過去世の罪障《ざいしょう》が消滅するという「其罪畢已《ございひっち》（其《そ》の罪は畢《お》え已《おわ》って）」も、この不軽品に説かれる重要な法門です。不軽菩薩が迫害を受けたのも過去の法華経誹謗のゆえであり、それに耐えて法華経を広めたことによって、彼は過去の重罪を消滅させたと説かれているのです。

佐藤　学会員の皆さんが、「われこそは不軽菩薩」との誇りを胸に広布に邁進《まいしん》していくとき、少しずつ過去世の罪障の消滅（其罪畢已）に向かっていくのですね。

9

創価学会が持つ「変革のエートス」

――佐藤さんが昨年（二〇二一年）十二月に、『琉球新報』のコラムで前立腺がんと診断されたことを公表されたことで、心配している読者も多いと思います。そこで今回は、本題に入る前に、その後の経過について少しお話しいただけますでしょうか。

佐藤　わかりました。私が以前から末期腎不全の状態にあることは、この連載でも明かしたとおりです。そのため、妻がドナーとなる腎移植手術を検討しているのですが、移植される側にがんがないことが移植条件の一つであるため、事前に検査を受けたところ、悪性が中程度の前立腺がんが発見されたのです。

また、それとは別に、今年初めに腎機能の検査を受けたところ、数値が大きく悪化しており、自覚症状として嘔吐《おうと》感と倦怠《けんたい》感もありました。医師によれば尿毒症反応とのことです。医師からは緊急入院を勧められて、二週間ほど入院治療をしました。「いずれは始めなければならない」と覚悟していた血液透析《とうせき》も、一月から始めました。週三回、一回四時間程度の透析を、これからずっと続けていくことになります。『聖教新聞』の信仰体験の記事のなかに、人工透析を続けている学会員さんの闘病体験が、わりとありますね。そういう記事に勇気をいただいています。

人工透析を始めると、多くの人が、それまでの仕事の継続をあきらめています。特に、高度専門職の人にはその傾向が顕著《けんちょ》です。透析と仕事の両立は難《むずか》しいのです。しかし、そうした困難な状況のなかで、人工透析を続けながら、それ以前からの仕事を頑張って続けている学会員さんの体験に、強く励まされています。

つい先日も、私の腎臓の状態がよくないことを報道で知ったある学会員さんが、人工透析をしている学会員の医師の信仰体験記事を、わざわざ送ってくださいました。その記事で印象的だったのは、人工透析になったことを嘆《なげ》くのではなく、闘病しながらも医師としての使命を果たせることの喜びを語っていた点です。学会員さんらしいなと思いました。

私も人工透析を始めたことで身体障害者手帳を申請しているところですが、透析患者は障害等級が一級になるのですね。しかも、がんなら治る可能性もかなりありますが、人工透析になったら、人工腎臓の力を借りなければ生きていけないし、そこから「治る」ことは今のところあり得ないのです。ある意味、がんよりも難しい病気ですし、透析以降の私の人生は「もらった命」とも言えます。

「もらった命」だからこそ、その生命を何に使うかということを、今は真剣に考えています。私に与えられた使命ともいうべき重要な仕事に、これからは絞っていきたいのです。

その使命の一つが、創価学会に対する正しい理解を、非学会員の間にも広げていくことだと思います。本書の連載も、その使命を果たすための大切な仕事の一つなのです。

――学会員の読者は、佐藤さんの前立腺がんのことに加えて、腎臓がお悪いことを知って、より心配している方も多いのではないかと思います。

佐藤　全国の学会員の皆さんが私のことを祈ってくださっているのを、私は心で感じ取っています。ありがたいことです。ともあれ、がんも腎臓も、すぐに命が危ういというような状況ではありません。読者の皆さんにも、その点はご安心いただければと思います。

また、前立腺がんの切除手術をしたうえで、転移がなければ、妻からの腎臓移植も行えます。それが成功すれば、まだかなり長く生きられるはずです。

今後、命の価値的な使い方を考えながら、重要な仕事を選んでやっていけるという意味では、私はむしろ今この病気になってよかったとすら思います。

池田会長の仏教観の核心が語られる章

――『法華経の智慧《ちえ》』をめぐる語らい、今回からは「如来神力品《にょらいじんりきほん》」の章に入ります。池田会長が冒頭近くで、「日蓮大聖人が涌出品《ゆじゅっぽん》（第十五章）・寿量品《じゅりょうほん》（第十六章）とともに、最も重要視されたのが、この『神力品』です」（下巻一三五ページ）と言っているとおり、特に大切な章であり、一回ではとても語りきれないと思いますので、何回かに分けて読み解いていただきます。

佐藤　この章は、創価学会の世界宗教化をあらためて考えるうえでも重い意味を持つと感じました。

――そうですね。如来神力品は、釈尊《しゃくそん》が滅後の弘教《ぐきょう》を「地涌《じゆ》の菩薩《ぼさつ》」に託す「付嘱《ふぞく》」の儀式を描《えが》いた章ですが、創価学会教学では、その根底に〝釈尊の仏法から日蓮仏法への一大転換が宣言された〟という意義が込められていると捉《とら》えるようです。

佐藤　それは、キリスト教になぞらえれば『旧約聖書』から『新約聖書』に替わるくらいの一大転換ではないでしょうか。既成仏教各派があくまで釈尊の仏法の範囲内であるのに対して、創価学会は日蓮仏法の立場に立ち、法華経を二十一世紀の世界に即した経典として捉えているのですから……。また、そのように捉えるからこそ、この章では池田会長の仏教観の核心が語られているように思います。

――ええ。本書のメインテーマである「池田思想」理解、ひいては創価学会理解のためにも重要な章だと思います。

佐藤　この章を読んで私が思い出したのは、池田会長が随筆『続・若き日の読書』でマックス・ウェーバーの『宗教社会学論集』を取り上げた回のことです。私は今、月刊『潮』で「池田思想の源流『若き日の読書』を読む」という連載を執筆中ですが、たまたま次号（二〇二一年四月号）で『宗教社会学論集』の回を俎上《そじょう》に載せるのです。池田会長は〝近代ヨーロッパの物質文明は、キリスト教による「変革のエートス」によって築かれた〟とするウェーバーの論を踏《ふ》まえ、その後文明が衰弱《すいじゃく》していったのはなぜかと問います。そしてその答えとして、〝キリスト教の「変革のエートス」がもっぱら「神への奉仕」に向けられ、人間を軽視したがゆえである〟と考察しているのです。「エートス」は習慣・特性などを意味する古代ギリシャ語ですが、ウェーバーは「行為への実践的起動力」という意味合いで用いています。要するに、〝二十一世紀を牽引《けんいん》する宗教は、「変革のエートス」を保つと同時に、「人間のための宗教」であらねばならない〟というのが、池田会長の洞察なのです。

なぜその一節をここで思い出したかといえば、創価学会が人間主義の日蓮仏法を掲《かか》げて歩んできたこと自体、ウェーバーの言う「変革のエートス」の発露《はつろ》だと感じるからです。

――と、おっしゃいますと？

佐藤　時代はどんどん変わっていきます。生きた宗教であり続けるためには、時代に応じて変化しないといけません。もちろん、いつの時代にも変えてはならないコア（核）はあるにせよ、それ以外の部分は変わり続ける必要があるのです。むしろ、変えてはいけないコアを守り続けるためにも、それ以外をアップデートしていかねばならないのです。

釈尊の仏法は約二千五百年前に生まれました。コアの部分はともかく、それ以外の部分まですべて現代にそのまま用いていたら、去年のカレンダーに合わせて生活するようなもので、時代にそぐわない齟齬《そご》も出てくるでしょう。〝釈尊の仏法から日蓮仏法への転換〟をはかり、しかも人間主義を掲げた創価学会だけが、その「変革のエートス」において、生きた世界宗教になり得るのではないでしょうか。

「池田教批判」は的外れ

――前々回（本書第七章）で触れた、佐藤さんも論考を寄せられた『創学《そうがく》研究Ⅰ――信仰学とは何か』（創学研究所・編／第三文明社）は、好評のようです。ただ、ごく一部には懸念もあると聞きます。例えば、「『池田先生から出発する研究』では、いわゆる〝池田教〟になってしまうのではないか」といった声です。『池田大作研究』という大著も出された佐藤さんに、その点についてのご意見をここで伺いたいと思います。

佐藤　そうした意見には誤解があるように思います。この際、私なりの見方を述べておきます。

現代において日蓮仏法を「生きた宗教」として人々の救済に用いるためには、現代に即した捉え方が不可欠です。そのために創価学会が選んだ方法が、三代会長、なかんずく池田会長を経由して日蓮仏法を捉え直すということです。しかし、池田会長を経由して日蓮仏法を捉え直すことが、日蓮大聖人の否定を意味するでしょうか？

もちろんそんなことはありません。むしろ、現代にふさわしい形で日蓮仏法を蘇生《そせい》させるためにそうしているのですから。

プロテスタントのキリスト教には、「ルター派」や「改革派」（カルヴァン派）という教派があります。ルター派の人々はルターを経由して、改革派の人々はカルヴァンを経由して、イエス・キリストの教えを捉えています。しかし、そのことをもって「ルター派はもはやキリスト教とは言えない。ルター教だ」とか、「カルヴァン主義はもはやキリスト教ではない。カルヴァン教だ」ということになるかといえば、そうではない。むしろルターやカルヴァンは、イエス本来の教えに立ち返ろうとしたのですから。いわゆる「池田教批判」のたぐいは、「ルター派はキリスト教ではない」というたぐいの難癖《なんくせ》に近いと私は思います。

私から見ると、『創学研究』という本は、創価学会における「エキュメニズム」（原義は、キリスト教の教派を超えた結束を目指す「世界教会主義」。そこから転じて、諸宗教間の対話と協力を目指すキリスト教の運動を指す。ここでは後者の意）です。他宗教との対話を推進していくにあたっては、まず自《みずか》らの確固たる立場を表明しなければなりません。その立場がなければ、対話はエキュメニズムにならず、単なるシンクレティズム（諸教混淆《こんこう》）になってしまいます。

つまり、『創学研究』は、世界に向けて、池田会長の思想を経由して日蓮仏法、さらには全仏教を捉えるという位置づけを明確にしようとした試みなのです。今後の創価学会の世界宗教化を見据えた有意義な試みであり、池田教云々の批判は相手にする必要はないと思います。

そもそも、池田会長の思想に深掘りする価値があると思えばこそ、私は『池田大作研究』を書いたのですし、本書の連載も続けているのです。だから、「池田教」というレッテルを貼るだけでその内実を知ろうとしない人たちの考え方が、私には不思議です。

――佐藤さんは、『池田大作全集』全百五十巻を揃《そろ》え、読み込んでおられる稀有《けう》な有識者です。一方、池田会長を批判する日本の言論人に、池田会長の著作を深く読み込んだ人間がいるかといえば、おそらく一人もいないでしょう。

佐藤　そうでしょうね。私が『池田大作全集』を読み込んで感銘を受けたのは、全百五十巻の内容にいささかのブレもなく、一つの確固たる思想で統一されているということです。これは、計算してできるようなことではありません。「この巻とこの巻は、内容が矛盾《むじゅん》しているな」という箇所はまったくなく、全体に見事な整合性があるのです。私はさまざまなジャンルの多くの人の全集を所有して読み込んできましたが、『池田大作全集』ほど見事な全集は稀《まれ》だと思います。

『池田大作全集』を読み込めば、あるいはそこまでしなくても『新・人間革命』全三十巻を読破すれば、池田会長が世界に誇るべき大思想家であることはわかるはずです。そういう努力をせず、週刊誌記事のようなレベルの偏見《へんけん》の色眼鏡でしか池田会長を見られないから、「池田教」というレッテル貼りだけで事足れりとしてしまうのでしょう。

私は後世において、池田会長は釈尊や日蓮大聖人に比肩《ひけん》するような名を残す大思想家だと思っています。ただ残念ながら、そのことが世間に理解されるまでには、おそらく二百〜三百年という長い年月が必要でしょう。

——ということは、一二五三年の立宗から数えて千年くらいになると、池田会長は大思想家として世界で正当に評価されているだろう、と……。

佐藤　そうです。そんな遠い未来の話をすると笑われそうですが、私は本気でそう考えています。また、創価学会の七年ごとの未来構想を示した、いわゆる「七つの鐘」について語った池田会長のスピーチ（二〇〇〇年十二月十四日の本部幹部会）のなかでも、「日蓮大聖人の立宗千年（二二五三年）を迎える二十三世紀の半ばごろから、新たな展開が始まるであろう」という一節があります（『池田大作全集』第九十二巻所収「『第三の千年』へ人間主義の鐘を鳴らせ！」）。

広宣流布《こうせんるふ》の新たな展開が始まる立宗千年あたりには、池田会長への歴史的評価も、今とはまったく異なる正当なものとなっていると、私は予想しています。

改訂の判断基準

佐藤 『池田大作全集』にはまったくブレがないと言いましたが、そこで重要なのは、『人間革命』が第二版の形で全集に収録されたことです。周知のとおり、『人間革命』は初刊行から年月が経過し、その間に宗門との訣別《けつべつ》もあったことから、内容に一部改訂を加えて第二版が刊行されました。初版のままで全集に収録されていたら、その部分が内容のブレとなって、全体の整合性を損《そこ》なっていたでしょう。第二版を収録したのは正しい判断だったと思います。

――関連して、池田会長の著作を必要に応じて改訂する際の基準について、佐藤さんのお考えを伺えればと思います。例えば、仏教学の研究は年々進歩しています。そうなると、池田会長の昔の著作やスピーチでは、アップデートされる前の知見が用いられている場合もあるわけです。仏教学に限らず、さまざまな分野の研究の進展などに応じて、過去の著作を改訂していく必要はあるのでしょうか？

佐藤　キリスト教神学においては、文献学などは「補助学」と捉えます。学問的成果は神学を補助するものではあっても、それ以上のものではないのです。創価学会の教学においてもそれはしかりだと思います。

そもそも、一つの分野に新しい学説や潮流が登場しても、それが本当に正しいか否かは、百年くらいのスパンで判断しなくてはわからない問題です。例えば、私が二十代から三十代くらの時代には、日本の思想界にはポストモダンの嵐が吹き荒れていました。幸か不幸か私は当時海外にいたので、その影響をほとんど受けませんでしたが、日本にいた同世代の知識層は多大な影響を受けたわけです。猫も杓子《しゃくし》もポストモダンにかぶれ、大学生たちはフランス語ばかり勉強して……という時代が十年くらい続いたのです。ところが、今やポストモダンは影も形もありません。あれは学問の新しい潮流というより、巨大な知的流行にすぎなかったのです。

――そうですね。仏教学の世界でよく似た例を挙げるなら、平川彰《あきら》氏（東大教授などを務めた仏教学者）が提唱した「大乗仏教在家起源説」が、ある時期に一世を風靡《ふうび》しました。しかし、今では多くの批判にさらされています。

佐藤　そういうことが、どの学問分野にも起こり得るのです。例えば、マルクスの『資本論』も、「エーテル」（かつて宇宙に満ちていると仮定されていた、光が波動として伝わるために必要な媒質《ばいしつ》）の存在を前提として執筆されています。現代物理学ではエーテルの存在は否定されていますから、エーテルに言及した箇所は間違っていたことになります。だからといって、マルクス経済学を改訂しなければならないということにはなりません。

もっと大きな例を挙げるなら、中世までに書かれた大半の書物は天動説を前提としているわけです。では、その時代の書物を地動説に改訂しなければならないかといえば、そんなことは不可能です。そもそも世界観が違うのですから。

同様に、学問のアップデートによって、過去に池田会長が取り上げた学問的知見が古びたものになったとしても、軽々《けいけい》に著作を改訂すべきではないでしょう。例えば、「大乗仏教在家起源説」が有力だった時期に、その説を紹介した池田会長の著作もあるでしょう。しかし、そうした変遷《へんせん》に合わせていちいち改訂するのは本末転倒です。池田会長の著作は、最先端の学問を学ぶことに目的があるのではなく、民衆救済と、そのために学会員の皆さんを正しく導くことこそが目的なのですから。

Das Kapital.

Kritik der politischen Oekonomie.

Von

Karl Marx.

Dritter Band, zweiter Theil.

Buch III:
Der Gesammtprocess der kapitalistischen Produktion.
Kapitel XXIX bis LII.

Herausgegeben von Friedrich Engels.

Das Recht der Uebersetzung ist vorbehalten.

Hamburg
Verlag von Otto Meissner.
1894.

カール・マルクス『資本論』の表紙
（1894年、フランス語版）（World History Archive／ニューズコム／共同通信イメージズ）

『人間革命』が改訂されたのは、そのまま放置しておいたら、学会史の理解に支障が生じ、学会員の皆さんを誤った方向に導きかねなかったからです。つまり、あの改訂には信仰の本質的な一貫性を保つという切実な必要があったのです。同様に、今後池田会長の過去の著作をもし改訂するとしたら、「その改訂によって、会員の皆さんが安心して信心できるようになるか否か」こそが、最大の判断基準になるでしょう。つまり、「学問との整合性」ではなく、「信仰の本質的一貫性」を基準にして改訂の是非を判断しなければならないと思います。

『法華経の智慧』の「如来神力品」の章に踏み込む前の、前提の話が中心になってしまいましたが、それは次回以降に回しましょう。

10

「民衆こそ仏である」という思想

法華経とは釈尊の「遺言」である

佐藤　「如来神力品《にょらいじんりきほん》」の章の冒頭近くで、池田会長が次のように言われていることに強い印象を受けました。

「そもそも法華経とは何だろうか。それは『釈尊《しゃくそん》の遺言《ゆいごん》』です。釈尊がいちばん言い遺《のこ》しておきたかったことです。それでは、釈尊のいちばんの『悲願』は何だったのだろうか。

それは〝生きとし生けるものよ、幸福になれ！〟という願いです」（下巻一三五ページ）。

周知のとおり、〝法華経などの大乗仏教の経典は釈尊の直説《じきせつ》ではなく、後世に成立したものだ〟とする「大乗非仏説」というものがあります。それがどの程度正しいかは措《お》くとしても、法華経二十八品を、今あるような形のまま釈尊が説いたとは、文献学的に考えにくいでしょう。

池田会長はそのことは重々承知のうえで、法華経の核心部分は釈尊が遺言として語り遺したものであり、その教えが後世に法華経として発展したと考えておられるのだと思います。

——なるほど。

佐藤　同じ如来神力品についての語らいのなかで、会長は次のように語っています。

「（＝釈尊は）最後に『法華経』を説いた。その説法の内容は、当然、二十八品そのも

のとは違うでしょう。しかし、その『核』になるものは説いたにちがいない。法華経を説かない仏は、仏ではないからです」(下巻二一〇ページ)

これは大乗非仏説に対する返答にもなっています。文献学的な見方ではなく、池田会長の宗教的確信から生まれた法華経観と言えるでしょう。シュライエルマッハー(ドイツの神学者)流に言うなら「宗教的直観」です。

池田会長は十九歳のとき、戸田城聖《じょうせい》(のちの創価学会第二代会長)と出会って〝この人こそ自分が求めていた師だ!〟と直観しました。それと同様に、「法華経とは『釈尊の遺言』である」という見方も、会長の宗教的直観から生まれたのだと思います。

もしも仮に、大乗非仏説の立場を取る学者が、「法華経とは『釈尊の遺言』である」という池田会長の言葉を「文献学的にあり得ない」と否定したとしても、会長はそんなことは歯牙《しが》にもかけないだろうと思います。

法華経について、どれほど文献学的に精緻《せいち》な分析をしても、それだけでは民衆救済にはつながりません。池田会長にとっては民衆救済こそが目的で、文献学などの学問的研究はその目的を補助するものでしかありません。研究自体を目的とする学者の世界とは、そもそも位相《いそう》が異なるのです。

ナイフなどの道具は、実際に使われて人の役に立ってこそ意味を持ちます。どれほどピカピカに磨き上げても、それをただ飾っておくだけでは道具として意味がありません。宗教も同じで、教えの内容をどれほど精緻に分析しても、それだけでは宗教として意味を持ちません。現実に人々を救済してこそ宗教なのですから。

その点、創価学会の場合には師弟《してい》という揺るがざる原点があるので、肝心の民衆救済をなおざりにして、教学研究にばかり血道を上げるという本末転倒が起きにくい面があります。それは創価学会の強みの一つだと思います。

「師弟」を離れて仏法はない

——今、「師弟という揺るがざる原点」というお話がありましたが、『法華経の智慧《ちえ》』の如来神力品の章でも、「『師弟』がなければ『仏法』はないということは言えるでしょう」（下巻一三八ページ）、「師弟がなくなれば『法滅《ほうめつ》』です」（下巻一三九ページ）と強調されています。

仏法には、その名が示すとおり、宇宙を貫く法則そのものへの信仰という側面があります。人格神を立てる宗教とは違うのです。とはいえ、その教えを現実のなかに生かしていくためには、人が人に法を教えて広め、法を実践することによって救われていくというプロセスが不可欠です。創価学会員一人一人は、師弟という原点を持つからこそ、必然的にそのプロセスに向き合う……だからこそ教学偏重には陥《おちい》らないと、佐藤さんは考えておられるのですね。

佐藤 はい、その通りです。私は、著書『池田大作研究』でも、「炭労問題」と「大阪事件」の読み解きにはそれぞれ一章を割《さ》きました。二つとも、若き日の池田会長が主人公となった事件ですが、もう一人の主人公は戸田会長ですね。つまり、二つとも「師弟の絆《きずな》」が試され、師弟不二《ふに》の戦いによって難を乗り越えた事件でした。例えば大阪事件においては、池田会長は獄中《ごくちゅう》にあってさえ、心のなかの戸田会長と対話しながら決断をしていったわけです。

　まさに、戦後の創価学会が遭遇した最大級の難を、師弟の絆によって乗り越えた。池田会長の「『師弟』がなければ『仏法』はない」「師弟がなくなれば『法滅』」との言葉は、裏返せば、「師弟さえあれば法滅はしない」という確信の言とも言えます。

　そして、言うまでもないことですが、創価学会の師弟関係は重層的です。戸田会長と池田会長に師弟の絆があるように、池田会長と世界の学会員も師弟の絆で結ばれています。

　そのように、創価学会には重層的な師弟関係のネットワークが張りめぐらされています。そこにあるのは単なる法則信仰ではなく、法を体現した人格――特に、師である池田会長の人格――からの直接的感化です。池田会長と直接会ったことがない学会員さんも増えているとは思いますが、それでもスピーチ映像や『聖教新聞』等に掲載されている指導やメッセージ、著作などを通じて、学会員さんは皆、胸中の池田会長と日々対話しています。それは、池田会長という人格からの直接的感化にほかなりません。

その感化が根底にあるからこそ、創価学会は頭でっかちにはならない。教学研鑽《けんさん》を大切にしてはいるものの、信仰実践をなおざりにしてまで教学を偏重することはないのでしょう。

「地涌の菩薩」出現の必然性

――この「如来神力品」には、釈尊から「地涌の菩薩《じゆぼさつ》」たちへの付嘱《ふぞく》の儀式が描《えが》かれています。冒頭に描かれるのは、地涌の菩薩たちが釈尊に対して、「『釈尊滅後の娑婆《しゃば》世界』でも『他の諸仏の入滅後の国土』でも、常に自分たちが法華経を広めていきます！」という誓いを立てる場面です。

「釈尊滅後の娑婆世界」とは地球を意味しますが、「他の諸仏の入滅後の国土」という言葉には、地球以外のあらゆる天体における国土が示唆《しさ》されています。つまり、地涌の菩薩とは地球に限定された存在ではなく、他のあらゆる天体において仏法を広めていくときにも、仏が出現し、入滅したあとの広宣流布《こうせんるふ》を担《にな》う存在だということが、ここに示されています。仏法の壮大なスケールをあらためて感じさせる一節です。

佐藤　池田会長はその場面の意義について、次のように解説していますね。

「仏という『一人』から『全民衆』への正法《しょうほう》広宣流布を担うのは、いかなる国土であってもつねに『地涌の菩薩』なのです。それはなぜか。

『地涌の菩薩』とは、内証《ないしょう》の境涯《きょうがい》が『仏』と同じでありながら、しかも、どこまでも『菩薩』として行動していくからです。いわば『菩薩仏』です。境涯が『仏』と師弟不二でなければ、正法を正しく弘《ひろ》めることはできない。

しかも現実の濁世《じょくせ》で、世間のなかへ、人間群のなかへと同化して入っていかなければ広宣流布はできない。この両方の条件を満たしているのが『地涌の菩薩』なのです。だから神力品の最後に『斯《こ》の人は世間に行《ぎょう》じて』とあるでしょう。『世間に』です。人間のなかへです」(下巻一四一～一四二ページ)

これは、とても得心《とくしん》のいく解説です。現実のなかで苦しんでいる民衆を救っていく

ために は、民衆が日々暮らしている現場、ある意味で汚《けが》れた世間の真っただなかに入っていかなければなりません。世俗から切り離された場所で超然ととりすましているようでは、民衆は救えないのです。入滅した仏の遺志を継ぎ、仏になり代わって社会の隅々まで法華経を広め、そのことによって民衆を救済していくのが地涌の菩薩なのでしょう。

地涌の菩薩は、六万恒河沙《ごうがしゃ》(恒河沙=ガンジス河の砂の粒の六万倍もの数ということで、「無数」の意)の大群として法華経に説かれていますね。無数に多いというのは、そうでなければ全民衆は救えないということなのでしょう。

地涌の菩薩は〝内証の境涯は仏でありながら、行動においては菩薩でもあらねばならない〟という意味で、池田会長は「菩薩仏」と呼びます。これは会長の仏観を示す重要なキーワードでもあると思います。

地涌の菩薩は、キリスト教に敷衍《ふえん》して考えれば、神としての側面と、受肉《じゅにく》して人として地上に降り立った側面を併せ持つイエス・キリストに近いとも言えるかもしれません。イエスも、まさに民衆のなかに分け入って人々を救済していったのですから。

また、地涌の菩薩が大地から湧き出るというのは、大変象徴的だと思います。つまり、天から降ってくる存在ではないということです。キリスト教でも仏教でも、天上には天国や極楽があって、地の底には地獄があるというイメージがあります。にもかかわらず、地涌の菩薩は大地から湧き出てくる……これは画期的なイメージの転換だと思います。

「民衆性」の象徴でもあるのでしょうが、それ以上に、濁世で苦しむ民衆を、泥沼のような現実の真っただなかに飛び込んで救っていく存在だからこそ、大地から湧き出なければならなかったのでしょう。

池田思想の民衆観の根底にあるもの

佐藤　そして、学会員の皆さんが自《みずか》らを地涌の菩薩として規定していることは、日々社会のために尽くす行動をしていくうえで、大きな助けにもなっている気がします。

さまざまな現実の壁に打ちのめされたとき、「自分は地涌の菩薩なのだ」と思うことによって鼓舞《こぶ》され、頑張れる面があるのではないでしょうか。

――なるほど。

佐藤 また、地涌の菩薩としての自己規定は、学会員である公明党議員たちを「権力の魔性《ましょう》」から遠ざける力にもなっていると思います。

権力の魔性というのは本当に恐ろしいもので、政治家のみならず、あらゆる種類の権力を持った者の心に巣くうものです。例えば、社会で虐《しいた》げられた人々を救うためのNPO法人のような、一見権力とは無関係な団体であっても、大きくなればそこにはある種の権力が生まれ、権力の魔性も生じるのです。そうした団体を率《ひき》いたリーダーが、発足当初は善意の情熱に満ちていたとしても、やがて金銭問題を起こしたり、セクハラ事件を起こしたりして堕落《だらく》する例は、決して珍しくありません。それもまた権力の魔性なのです。

しかし、学会員の皆さんの場合、地涌の菩薩としての自己規定があり、池田会長の思想が行動の規範となっているので、権力の魔性に囚《とら》われにくいと思います。心の真んなかに民衆救済への強い使命感があるから、それが見えざる防波堤として作用するからです。

――おっしゃるとおりだと思います。そう考えてみますと、公明党創立者の池田会長が指針として掲《かか》げた立党精神「大衆とともに語り、大衆とともに戦い、大衆の中に死んでいく」(元は一九六二年の公明政治連盟第一回全国大会でのあいさつの一節)は、地涌の菩薩の精神と言ってもよいのではないでしょうか。

佐藤 そう思います。地涌の菩薩の精神を、政治の面で具体化していくことが公明党に託された使命だということでしょう。それが公明党の原点であり、指針発表からちょうど六十年を経た今も、変わらず息づいている精神でしょう。

公明政治連盟の第一回全国大会は、東京・豊島公会堂で行われた
（1962年9月13日）（公明党機関紙委員会）

――ただ、公明党の長い歴史のなかで、権力の魔性に囚われて地涌の菩薩としての使命を忘れてしまった議員も生まれてしまったのは、まことに残念なことですが……。

佐藤　権力の魔性というのはそれほど恐ろしい、人間を変えてしまう力だということです。

またもう一つ、これは常に申し上げていることですが、そうした議員が生まれてしまった背景には、一時期までの公明党・創価学会の

〝行き過ぎた政教分離〟があったということです。憲法の政教分離原則は国家に宗教的公平を課したものであるにもかかわらず、日本では〝宗教団体の政治参加を禁じた原則〟だという根深い誤解があります。いわゆる「言論問題」以降の強い逆風のなかで、学会・公明党は「羹《あつもの》に懲《こ》りて膾《なます》を吹く」ような形で、〝行き過ぎた政教分離〟を行ってきました。幸い、近年ではそれが是正されてきています。ただ、〝行き過ぎた政教分離〟がなされていた時代、公明党議員の一部から宗教的使命感が失われてしまったのです。そのことが、地涌の菩薩の精神を忘れた一部の問題議員を生んだのだと、私は思っています。

――なるほど……。それと、この章を読んであらためて感じたのは、地涌の菩薩の特異性です。経典に説かれる他の菩薩――普賢《ふげん》菩薩、文殊《もんじゅ》菩薩、薬王菩薩等の「迹化《しゃっけ》の菩薩」（一時的な仏である迹仏に教化された菩薩）は、あくまでも菩薩の立場であり、仏と一体不二ではありません。また、迹化の菩薩はそれぞれが特別な力を持った個性的な存在であり、素朴《そぼく》な民衆と同化する立場ではありません。だからこそ釈尊は、「迹化の菩薩」では末法の悪世に法華経を広める資格がないとしたわけです。
それに対して、地涌の菩薩は民衆全体が一つの菩薩であるという、際立った特徴を持っています。

佐藤 地涌の菩薩という菩薩像のなかには、民衆こそ仏であり、凡夫《ぼんぷ》こそ本仏であるという、日蓮本仏論にもつながる仏観が胚胎《はいたい》されていたような気がします。法華経のなかに、日蓮本仏論がすでに予見されていたとも言えるかもしれません。そして、法華経をそのような視座から読み解くことも、私たちは池田会長の著作を通じて学んでいるわけです。

そう考えると、月刊『潮』で連載されている池田会長の評伝が「民衆こそ王者」というタイトルであるのは、象徴的なことですね。あのタイトルには、〝民衆こそ地涌の菩薩であり、仏でもある〟というニュアンスも込められているように思います。

創価学会の、ひいては池田会長の民衆観の根底にあるのが、地涌の菩薩という概念なのだと思います。そのことが、左翼的な民衆観との根本的な差異になっています。

――と、おっしゃいますと?

佐藤　ロシア革命から日本の新左翼運動、今の日本共産党に至るまで、左翼の民衆観に通底しているのは、〝無知な民衆を自分たちの力で教育して救ってやろう、解放してやろう〟という「上から目線」です。共産党の前衛思想は典型的で、〝プロレタリア大衆は遅れた意識しか持てないから、時代の前衛を行く優れた指導集団が彼らを指導し、革命意識を育《はぐく》んでいこう〟という発想なわけです。

象徴的なのは、ロシア革命の原点の一つにもなった「ナロードニキ」です。ロシアの青年知識人層による、「ヴ・ナロード(人民のなかへ)」というスローガンを掲げた革命運動で、彼らはそのスローガンのとおり、ロシアの貧しい農村に分け入っていきました。しかし、農民たちに受け入れられず、一部のナロードニキは民衆に絶望してテロに走り、別の一部はニヒリズムに陥りました。

民衆の側に立つ姿勢においては、創価学会の運動と通ずる面もあったわけですが、根本的な違いは彼らが民衆を教育対象と見なしていた点です。民衆から学ぼうとする姿勢は乏しかった。そこに失敗の要因もあったのでしょう。ナロードニキは民衆を重んじているようでいて、実は自分たちの運動のために民衆を利用していた面がありました。そのことが農民たちから見抜かれたのだと思います。

一方、創価学会の民衆観には根底に地涌の菩薩の概念があるので、民衆を〝仏法に目覚めることによって仏になり得る存在〟と捉《とら》えます。だからこそ、民衆を教育してやろうという「上から目線」がないのです。学会員の皆さんは、根源的な敬意を持って、あるいは自分たちと対等な尊《とうと》い存在として、民衆に接する。だからこそ民衆と同化し、民衆に受け入れられるのだと思います。

そう考えると、日蓮正宗宗門に蔓延《まんえん》する僧俗差別主義（「僧侶《そうりょ》が上、在家が下」と見なす考え方）というのは、むしろ日本共産党の前衛思想に近い面があるのかもしれません。〝優れた僧侶集団が無知蒙昧《もうまい》な在家を指導してやるんだ〟という発想で成り立っている宗派なのですから。

――民衆蔑視《べっし》に満ちているのが宗門中枢です。象徴的な例として、前法主《ほっす》の阿部日顕《にっけん》が、学会との確執《かくしつ》が激化した時期に「民衆、民衆って言う奴ほどバカなんだ」と発言したことが知られています（一九九四年八月の「全国教師指導会」での発言）。

佐藤　つまり宗門は、日蓮仏法を奉《ほう》じていながら、地涌の菩薩的な民衆観の対極に位置しているわけですね。考えてみれば不思議な話です。

ともあれ、この章で展開される地涌の菩薩をめぐる考察は、池田思想の民衆観や仏観を考えるうえで、非常に重要だと言えるでしょう。

11

「人間のための宗教」を高らかに宣言

池田会長の対話重視が今こそ輝く

――前々回（本書第九章）、佐藤さんが前立腺がんの切除手術をお受けになるということに言及しました。心配している読者も多いと思いますので、本題に入る前にまず、その後の経過をお話しいただけますか？

佐藤　わかりました。おかげさまで、（二〇二二年）三月十日に手術が無事に成功して、二週間ほどで退院できました。内視鏡手術支援ロボット「ダ・ヴィンチ」による手術でした。おなかに小さな穴を六カ所ほど開けて、ロボットアームに装着された手術器具をそこから入れて、医師がモニターを見ながら操作して行うものです。メスで切り開く開放手術に比べると出血量が圧倒的に少なくて、身体的ダメージが小さくて済むのです。

――確かに、手術からまだ二十日くらいなのに（収録時点）、お元気そうです。

佐藤　それで、結局がんは四つあって、大きなものは二つあってそれぞれ一センチほど。残り二つは「よく見つけられたな」と思うほど微細なものでした。

今後二カ月ほど検査を続けてみて、腫瘍《しゅよう》マーカーであるPSA（前立腺特異抗原）値が基準以下であれば、「転移なし」ということになって、もともとの目的だった腎移植手術に進めます。

――すべてがよい方向に進むことを、お祈り申し上げます。読者にも佐藤さんのファンが多いので、同じ気持ちだと思います。

佐藤 ありがとうございます。

――それともう一つ、ロシアによるウクライナ侵攻（二〇二二年二月二十四日～）について、佐藤さんがどうお考えなのかを、読者も知りたいと思うのですが……。

佐藤 ウクライナ侵攻については、現時点では事態があまりに流動的であり、世論も沸騰《ふっとう》していますので、冷静にお話しできる状況ではないように思います。私もいろんなメディアからこのテーマで取材依頼を受けますが、体調のこともあり、今は基本的にはお断りしています。

ただ、各論に踏《ふ》み込まない総論として、今言えること、特に『第三文明』読者に伝えておきたいことを、いくつか述べておきます。

「ウクライナ侵攻で、世界が一世紀前の帝国主義の時代に戻ってしまったようだ」という見方があります。私は、そうなってしまった一つの要因として、この二年間のコロナ禍《か》もあると考えています。というのも、コロナの影響によって、国家の首脳同士が直接会って対話する機会も大幅に減ったからです。直接の対話がないと、特に対立する陣営の関係については、相手に対して抱《いだ》くイメージがマイナス方向に肥大化《ひだいか》してしまうものです。

もちろん、リモートでの対話の機会はあったでしょうが、それは直接対面しての対話の代わりにはなりません。やはり、人間は会って目を合わせて対話してこそ心が通じるものなのです。コロナ禍による対話の不足は、世界の国際関係にも大きな負の影響を与えた。その一つの表れが、ロシアのウクライナ侵攻を防げなかったことだという見方も可能でしょう。

そう考えると、池田大作SGI会長が一貫して対話を重視してこられたことが、今こそいっそうの光彩《こうさい》を放つと私は思います。

ロシアによるウクライナ侵攻を伝えたアメリカの新聞紙面
（2022年2月24日）（Levine Roberts／ニューズコム／共同通信イメージズ）

池田会長の平和思想の大きな特徴の一つは、対話の重視です。例えば、『新・人間革命』第五巻「開道」の章には、次のような山本伸一の言葉があります。

「東西冷戦の氷の壁をとかすために、私がやろうとしているのは『対話』だよ。西側の首脳とも、東側の首脳とも、一人の人間として、真剣に語り合うことだ。どんな指導者であれ、また、強大な権力者であれ、人間は人間なんだよ」

「東西両陣営が互いに敵視し合い、核軍拡競争を繰り広げているのはなぜか。

一言でいえば、相互不信に陥《おちい》っているからだ。これを相互理解に変えていく。そのためには、対話の道を開き、人と人とを結んでいくことが不可欠になる」

この信念のとおり、池田会長ご自身が、広範な文明間対話によって平和への道を切り開いてこられました。そうした姿勢について、シニカル（冷笑的）な見方をする人は、「首脳同士が会って対話しただけで平和に近づくなら、苦労はない。あまりに楽観的な理想論だ」と感じたかもしれません。しかし、実際はそうではない。昔も今も、各国首脳同士の直接対話が平和に果たす意義は、非常に大きいのです。

そして、池田会長とＳＧＩが切り開いてきた平和への道は、今のような状況においても、戦争への歯止めになっている面があります。

例えば、ロシアにもウクライナにもＳＧＩメンバーがいることと思います。そのことは、両国の人々が憎悪だけの関係にならないための、一つの歯止めになっているはずです。また、今後日露関係は著《いちじる》しく悪化していくでしょうが、そうなればなるほど、池田会長がロシアの人々と結んできた友情の絆《きずな》が、ますます重い意味を持つでしょう。

もう一つ、今回の戦争に対してインドは比較的距離を置いて冷静さを保っていますが、そのこととインドSGIの発展には、深い次元で関係があると私は思います。インドSGIは、あの国のエリート層にかなり浸透《しんとう》しています。池田思想がエリート層にも影響を与えている面があるはずです。

今こそ民衆に目を向けるべきとき

佐藤　創価学会員の皆さんは、ウクライナ侵攻について考えるにあたっても、師である池田会長の指導を基準に置いているでしょう。それは、信仰者として正しい姿勢です。そして、池田思想とその土台にある日蓮仏法を基準とするなら、二つの大前提が導き出されるはずです。

一つは、何よりもまず民衆に目を向けるべきだということです。国際情勢について考えるとき、私たちはどうしても、プーチン（ロシア連邦大統領）やゼレンスキー（ウクライナ大統領）など、国のトップにばかり目を向けがちになります。それが行き過ぎると、両国の民衆が視界に入らなくなってしまう。それではいけない。

もちろん、ロシア政府がやっていることは決して許されません。どんな理由があっても、自国の主張を押し通すために他国に軍隊を出したらいけないんです。ただし、戦火が広がるウクライナの民衆が戦争の被害者であるように、ロシアの民衆もまた被害者であることを、忘れてはいけません。

どちらの側から出ている難民であっても、われわれはその人間としての尊厳を全力で守らないといけません。国籍によって対応に差をつけてはならないのです。日本でもごく一部に、日本国内のロシア料理店に対して嫌がらせをするような事例が発生してしまいましたが、そんなことはあってはならない。学会員の皆さんは民衆目線で物事を見る姿勢がしっかり身についていますから、あらためて言うまでもないことかもしれません。


――そういえば、創価学会青年部が三月一日にウクライナ情勢についての声明を発表しました。それは、「戦闘によって多くの人々の生命と尊厳と生活が脅《おびや》かされる事態は悲惨であり、私たち創価学会青年部は即時停戦を求める」「どこまでも対話による外交によって平和回復への道を探る努力を続けるべきである。私たちは戦火にさらされている人々の無事と一日も早い事態の終息を祈り、今すぐ戦闘を停止することを重ねて強く求めたい」というものでしたが、そこにはロシアという国名も、ウクライナという国名も一度も用いられていませんでした。

佐藤　あえて国名を出さなかったのでしょうね。それは正しい判断だと思います。

言うまでもなく、ロシアにも平和を愛する民衆はいるわけで、われわれ日本人はその人たちにも連帯を呼びかけるべきです。こういう有事のときだからこそ、民衆の視点から考えることがとても大切なのです。

そして、もう一つの大前提は、プーチンであっても、あるいは中国の習近平《しゅうきんぺい》や北朝鮮の金正恩《キムジョンウン》であっても、一人のトップを百パーセントの悪人として捉《とら》えることは避けるべきだということです。なぜなら、どんな人間にも生命の奥底《おうてい》には仏性《ぶっしょう》があり、変わる可能性を秘めていると考えるのが日蓮仏法であるからです。

そのことの象徴となるのが、古代インドにおいて仏教を手厚く守護し、平和を愛した賢王として知られるマウリヤ朝のアショカ大王（阿育王）でしょう。アショカは仏教に帰依《きえ》する前には、むしろ残忍な王として知られていました。治世九年目のカリンガ戦争では、激戦の末にカリンガ国を征服し、約十万人を犠牲にしています。戦地の惨状《さんじょう》を自《みずか》ら目《ま》の当たりにし、深く後悔したことが、仏教に帰依する大きなきっかけになったともいわれています。

そのように、悪王も賢王に変わることがあるわけです。プーチンも決して例外ではないわけで、悪人と決めつけて最初から対話をあきらめるような姿勢は、池田会長の価値観に反すると私は思います。そして、池田思想を深く学び、人生の規範としてきた学会員の皆さんも、同じ人間観を共有しているはずです。

徹して人間を根本に据える

――さて、それでは『法華経の智慧《ちえ》』、「如来神力品《にょらいじんりきほん》」の章の読み解きを続けていきたいと思います。

佐藤 この章では、如来寿量品《じゅりょうほん》で釈尊《しゃくそん》によって否定された「始成正覚《しじょうしょうかく》」という考え方の危険性が指摘されています。

――はい。「始成正覚」は「今世で初めて成仏《じょうぶつ》した」という意味です。法華経本門以前の諸経では、釈尊が古代インドに生まれた「今世」において初めて成仏したと説かれていました。これに対して、法華経本門の如来寿量品では、釈尊が実は五百塵点劫《じんてんごう》という久遠《くおん》の昔に成仏していたという、真実の境地《きょうち》が明かされます。このことを「久遠実成《じつじょう》」と言います。

佐藤　始成正覚がなぜ危険かといえば、「**始成正覚以後は『人間を超えた』何か特殊な存在になった、そんな錯覚におちいりやすい**」（下巻一五〇ページ）からだと、『法華経の智慧』では指摘されています。

「**そこから釈尊を神格化したり、自分たちは『凡夫《ぼんぷ》でしかない』と卑下《ひげ》してしまった。**

（中略）

『凡夫でしかない』――**そういう言い方は、とんでもない間違いです。そういう錯覚の黒雲《くろくも》を、大いなる涼風《りょうふう》で吹き払ったのが法華経です。『凡夫でしかない』どころか『凡夫こそが仏なのだ』と。『人間こそが最高に尊貴なのだ』と**」（下巻一五〇ページ）

これは、池田思想の最重要キーワードである「人間主義」の、根源が語られた重要なくだりですね。その根拠となる文言として、池田会長は日蓮大聖人の「諸法実相《しょほうじっそう》抄《しょう》」の次の一節を引いています。

「凡夫は体《たい》の三身《さんじん》にして本仏ぞかし、仏は用《ゆう》の三身にして迹仏《しゃくぶつ》なり。しかれば、釈迦仏は我ら衆生《しゅじょう》のためには主・師・親の三徳を備え給《たも》うと思いしに、さにては候《そうら》わず、返って仏に三徳をかぶらせ奉《たてまつ》るは凡夫なり」「『本仏』というは凡夫なり、『迹仏』というは仏なり」（新版一七八九ページ・全集一三五八～五九ページ）

凡夫こそが本仏であり、仏はその〝影〟である「迹仏」（仮の仏）にすぎない。凡夫があるからこそ仏があるのだと、日蓮大聖人は言われているわけです。この一節について、池田会長は次のように解説を加えています。

「仏法だけでなく、全宗教史上、驚天動地《きょうてんどうち》の宣言です。

どんな宗教でも、神仏などの『絶対なる存在』が上、人間はその下と考えるのが通例です。それを否定して、絶対者と思われている神仏は、じつは凡夫＝人間の『影』であり、『用《ゆう》（働き）』であり、『人間のための手段』にすぎない――こんな宣言は他にありません。

まさに『人間のための宗教』の大宣言なのです」（下巻一五一ページ）

この一節を読むと、あらゆる仏教のなかで創価学会が突出《とっしゅつ》した存在であることがわかります。ありのままの人間を否定して「仏になる」ことを目指す上座部《じょうざぶ》仏教はもちろんのこと、大乗仏教にも、これほどまでに人間を根本視した宗派はないでしょう。創価学会と同様に日蓮大聖人を奉《ほう》じている日蓮宗や日蓮正宗でさえ、「諸法実相抄」のこの一節に沿った「凡夫こそが仏」「人間こそが最高に尊貴なのだ」という思想は持っていないと思います。

そして、池田会長の言う「人間主義」が、単なるヒューマニズムではなく、宗教史上の革命ともいうべきラディカル（急進的）な一面を内包《ないほう》していることがわかります。

池田会長は、二〇〇〇年九月と翌年初頭の二回にわたって発表した「教育提言」のなかで、〝「社会のための教育」から「教育のための社会」への転換を〟と訴えました。同様に、『法華経の智慧』のこの一節は、〝「宗教のための人間」から「人間のための宗教」への転換〟を訴えた宣言とも言えます。

国家主義という〝転倒の宗教〟の恐ろしさ

佐藤　池田会長が「凡夫でしかない」という捉え方を「とんでもない間違いです」と強く否定しているのは、普通の人間を軽《かろ》んじることが、やがて国家主義につながっていく危険性を孕《はら》んでいるからでしょうね。

この章でも、ニーチェ（ドイツの哲学者）らの言葉を引用する形で、国家主義への警鐘が鳴らされています。

「百年前、ニーチェは『神は死んだ』と言ったが、信じられなくなった『神』の代わりに、今世紀は、他の偶像《ぐうぞう》がその『空席』に座ってしまった。（中略）『神は死んだ』、その結果『人間も死んだ』。これが二十世紀の実相かもしれない。それは内面の『死』だけではない。国家崇拝《すうはい》と相まって、肉体的にも、歴史上最大の『メガ・デス（巨大死）』の悲劇を味わってきた。二十世紀は、最大の〝殺人の世紀〟であった。これを、ひっくり返して、最大に『人間を生かす』二十一世紀にしなければ

ばならない。そのための広宣流布《こうせんるふ》運動です」（下巻一五五〜一五六ページ）

宗教の衰退《すいたい》の結果、人々の心に巨大な空白が生まれ、その空白に宗教の代替物である国家主義や科学信仰、拝金主義などが台頭してきたという指摘です。なかでも特に国家主義の台頭は、二十世紀を血なまぐさい「戦争と革命の世紀」にしてしまった。だからこそ、「人間こそが最高に尊貴なのだ」とする日蓮仏法を世界に広めることで、二十一世紀を平和の世紀にしていかなければならない……。池田会長は一九九〇年代に連載された『法華経の智慧』で、そう語られていたわけです。

四半世紀前の言葉ですが、この一節などは、ロシアによるウクライナ侵攻を機に再び国家主義が急激に息を吹き返してきた今こそ、深く心に響きます。

――国家主義といえば、これまでも引用してきた池田会長の言葉「国家主義というのは、一種の宗教である。誤れる宗教である。国のために人間がいるのではない。人間のために、人間が国をつくったのだ。これを逆さまにした〝転倒の宗教〟が国家信仰である」（『池田大作名言１００選』）が想起されます。

佐藤　はい。池田会長は国家主義を宗教の最も危険な代替物と捉えて、警鐘を鳴らし続けています。それは言うまでもなく、草創期の創価学会が、神道《しんとう》と国家主義が結びついた国家神道によって弾圧され、牧口初代会長の殉教《じゅんきょう》という悲劇を経験したからこそです。

この章では、ユング（スイスの心理学者）の言葉を引く形で、次のように再度国家主義への警鐘が鳴らされています。

「ユングは言っている。〝国家こそ尊《とうと》い〟ということを民衆に吹き込みたい権力者にとって、いちばん邪魔になるのは『国家に妥協《だきょう》せず独自の道を歩む』宗教であり、彼らは必ず、そういう宗教を『足元からすくおうとする』と。（中略）

ユングは、ずばりと言った。

『独裁国家は個人だけでなく、個人の宗教的な力をも吸い上げてしまうのである。かくして国家は神の位置に取って代わる』」（下巻一五七ページ）

ここでいう、「国家に妥協せず独自の道を歩む」宗教が国家主義によって弾圧されるのは、まさに草創期の創価学会に起きたことです。そして今、ウクライナ紛争を機に、再び同じことが起ころうとしています。国家主義の台頭によって個人の尊厳がないがしろにされていく。それはロシアのみならず、ウクライナについてもそうですし、同時に欧米や日本でもそのような兆候を感じ取って警戒しないといけない。国家主義がそれほど強い侵食力《しんしょくりょく》を持っているのは、やはりそれが一種の宗教だからこそです。

〝国のために人間がいるのだ〟と錯覚させてしまう、池田会長の言う〝転倒の宗教〟たる国家主義が、今世界に台頭しつつあります。この章は、そのことへの警鐘として読むことができます。そして、国家主義という宗教に抗するためには、「人間こそが最高に尊貴なのだ」と高らかに謳《うた》い上げた「人間主義」の宗教に立脚するしかないのです。

『法華経の智慧』が、時代を超えて私たちの進むべき道を照らす羅針盤《らしんばん》となることを、図らずもウクライナ危機に直面することであらためて気づくこととなりました。

12

生命力こそが「神力」であるという思想

SNSの「偏り」を認識しておくべき

——前回、ロシアのウクライナ侵攻についてお話しいただいたことに対して、読者から大きな反響がありました。ほかの論者からは出てこない、佐藤さんならではの視点からの解説だったからだと思います。

佐藤　ありがとうございます。それに関連して、本題に入る前にまず、ウクライナ侵攻について、前回話しそびれたことを一つ話しておきます。ツイッター（現・X《エックス》）やフェイスブックなどのSNS（ソーシャル・ネットワーキング・サービス）が形成する世論の偏《かたよ》りについてです。

――ウクライナのゼレンスキー大統領は、ロシアの侵攻開始からずっと、非常に効果的にSNSを活用して、国際世論を味方につけている印象がありますね。

佐藤　はい。『「いいね！」戦争――兵器化するソーシャルメディア』（P・W・シンガー、エマーソン・T・ブルッキング／NHK出版）という本も出ているくらい、近年は、SNSが戦争のあり方を大きく変えました。そのことを象徴するような新しい戦い方と言えますね。

もともとウクライナは、「東欧のシリコンバレー」と呼ばれるほどIT産業が盛んな国です。「デジタル改革省」という省も作って、国を挙げてDX（デジタル・トランスフォーメーション）を推進してきました。ＳＮＳの使い方に長《た》けているのも、そうした土台があればこそでしょう。ただ私は、ＳＮＳ上の「世論」を鵜呑《うの》みにすることは、一面でとても危険なことだと考えています。

――「フェイクニュース」にだまされる危険があるからですか？

佐藤　それもありますが、私が今言う「危険」はそこではありません。日本から見ていると、ツイッター、フェイスブック、それから広い意味ではＳＮＳの一つと言えるユーチューブなどが全世界を均一に覆《おお》っているように思えてしまいますが、決してそうではないことを指摘しておきたいのです。

例えば中国には、「グレート・ファイアウォール（金盾）」と呼ばれる大規模なインターネット規制が敷《し》かれていて、フェイスブックやツイッター、ユーチューブなどの海外ＳＮＳに国内回線からは基本的にアクセスできません。しかし、チャットアプリの「微信（WeChat）」や、中国版ツイッターとも言える「微博（Weibo）」といった代替ツールが国内に広く普及しているので、中国の人たちは不自由を感じていないわけです。つまり、世界人口の約五分の一を占める中国の人々は、ゼレンスキー大統領らのSNSを通じた訴えの大半に触れていないことになります。

そもそも、ゼレンスキー大統領のSNS上の訴えに応じて世論が沸騰《ふっとう》しているのは、欧米、日本、オーストラリア、ニュージーランド、韓国の一部などに限られていて、世界人口の四分の一に満たないくらいだと思います。例えば、ロシアやカザフスタンには影響は及んでいないし、中国にも及んでいない。アフリカ諸国やインドは中立的だし、東南アジア諸国も日本や欧米のような興奮状態には陥《おちい》っていないのが現実です。

――いわゆる「フィルターバブル」(ネット上の検索エンジンやSNSを通して得られる情報が、個々の利用者向けに最適化されるため、好まない情報があらかじめ排除される傾向)の影響もあって、私たちは世界中が一斉にロシア包囲網を敷いているかのように思い込みがちですが、実際には必ずしもそうではないということですね。

佐藤　そのとおりです。ツイッターやフェイスブック、ユーチューブ等を通じて醸成《じょうせい》される世論は、私たちが思い込んでいるほどグローバルではないのです。それは、世界のなかの特定の文明圏・文化圏でのみ通用している世論にすぎません。

もちろん言うまでもなく、ロシアのウクライナ侵攻は非難されるべきことに変わりありません。それを大前提としつつも、SNS上の世論を全世界のコンセンサス（合意事項）であるかのように思い込むことの危険性は、今般の侵攻とは別の問題としてきちんとわきまえておきたいと思います。

公明党が推進した軽減税率が、今こそ輝く

――それから、夏の参議院議員選挙（二〇二二年七月十日投開票）がいよいよ間近に迫っていますが、佐藤さんからご覧になって、どのような選挙になりそうでしょうか。

佐藤　ウクライナ侵攻の先行きが見えない今の時点から見通すのは難《むずか》しいですが、私は、経済状況の悪化が相当影を落とす選挙になると予想しています。

――確かに、ウクライナ侵攻の影響による物価の高騰《こうとう》は、すでに広範囲に及んでいます。

佐藤　はい。私はこの物価高がもっと進んで、「スタグフレーション」(物価高と景気悪化の併存)に陥ることを懸念しています。アメリカのように景気がよければ単なるインフレにとどまるわけですが、日本は景気の悪さと複合して、いっそう状況が深刻化してしまうと考えられるのです。物価はどんどん上がるのに、賃金はいっこうに上がらないということになれば、おのずとそうなります。円安の進行がそこに拍車《はくしゃ》をかけるでしょう。

円安になるのは当たり前なのです。諸外国がどんどん長期金利を上げているなか、日本だけが従来の政策を取り続けて金利が低いままなのですから……。デフレ対策のためにそうしてきたわけですが、ウクライナ侵攻の影響もあって、今後の物価上昇はもはや避けられません。あっという間に一〇パーセントを超えるインフレになることも考えられます。そして、それがただのインフレに終わらず、スタグフレーションになってしまう恐れが排除されないのが今の状況です。

参院選のころ、ウクライナ侵攻がどうなっているかはわかりませんが、どんな状況であれ、選挙の争点は目の前の生活になっている可能性が高いでしょう。「生活防衛選挙」ともいうべき選挙になると思います。

そして、不景気になると、とかく国民の目は与党に厳しくなるものです。値上げラッシュで生活の苦しさが実感されてくればくるほど、「どうしてくれるんだ！」と政府に文句を言いたくなるのが人の常です。したがって、自公連立政権にとってはかなり厳しい戦いになると、私は見ています。

その逆風を弱めるためには、選挙までに強力なインフレ対策、大胆な給付などに踏《ふ》み切っていかなければダメだと思います。基礎食品の値上げを抑制する対策を打つとか、年金生活者に対しては一律の臨時追加給付を行うなどの施策が求められると思います。

逆に言えば、そのように庶民の生活に暗雲《あんうん》が漂《ただよ》う状況だからこそ、公明党が主導して導入した軽減税率が、今こそ光彩《こうさい》を放つとも言えます。周知のとおり、二〇一九年十月の消費税一〇パーセントへの引き上げに際して、飲食料品などの税率を八パーセントに据え置くことにしたのが、この軽減税率です。

――導入をめぐっては、公明党と自民党の間でぎりぎりの攻防が展開されましたね。例えば、導入時期については、公明党が消費税一〇パーセントへの引き上げと同時実施を訴えたのに対し、自民党は引き上げ後にしようと主張しました。また、対象品目をめぐっても、当初は生鮮食品に限る案が有力でしたが、公明党は「加工食品を含め、幅広く対象にすべき」と訴えました。そして結局、公明党案が通ったのです。

佐藤　そうですね。当初は消費税引き上げの影響を最小限に抑えるために導入した軽減税率ですが、三年がたった今、ウクライナ侵攻による物価高の影響を抑えるために役立っているわけです。これは公明党の大きな手柄です。「生活防衛選挙」となるであろう今夏の参院選を戦うにあたっても、公明党はそのことを声を大にして訴えるべきだと思います。

「神力」は「生命の世界」の象徴的表現

——さて、それでは本題に入りたいと思います。池田会長の『法華経の智慧《ちえ》』「如来神力品《にょらいじんりきほん》」の章をめぐる語らいの続きです。

佐藤　そもそも、章題に言う「神力」とは何かという話を、まだしていませんでしたね。

——はい。これはいわゆる「神通力《じんつうりき》」、つまり「超人的な能力」のことです。仏が、その場に集《つど》った無数の菩薩《ぼさつ》たちの前で、神通力による不思議な現象を示す場面が、冒頭近くに出てくるのです。その不思議な現象は十種類に及ぶため、「十神力」と呼ばれます。

例えば、「仏が広く長い舌を出すと、天まで届いた」「釈尊《しゃくそん》の全身の毛穴から光が出て、あらゆる色の光を放ち、十方《じっぽう》世界を照らした。諸仏も、同じように『広く長い舌を出し』『無量の光を放った』」（下巻一四四ページ）などという描写があります。

佐藤　日蓮大聖人は、「唱法華題目抄《しょうほっけだいもくしょう》」のなかで「通力《つうりき》をもって智者・愚者をばしる《知》べからざるか」（新版二三ページ・全集一六ページ）と言っておられますね。つまり、〝神通力の有無を、智者と愚者を判別する基準にしてはならないのだ〟と。ほかにも、神通力を否定する言葉が御書にはあります。したがって当然、如来神力品で説かれる神通力も、日蓮仏法、創価学会教学の立場から見れば、「神通力を持っているから仏はすごいんだ」というニュアンスで捉《とら》えるべきではないのでしょうね。

実際、この品に説かれる神通力をどう捉えるべきかについて、池田会長は次のように語られています。

「一般には『神通力』と言うと、超能力のようなものを連想するだろうが、そうではありません。（中略）

超能力などを基準にすると、〝人間ばなれ〟した特別な人を大事にすることになる。それは危険です。また、どんな超能力を示しても、問題はそれで幸福になれるかどうかです。

一般的にも、〝特別な能力〟に頼った人は、人間としての修行がおろそかになり、かえって不幸になる場合が多いものです」（下巻一五三ページ）

池田思想の基準はどこまでも人間であり、人間以上のもの、超越的な仏などというものを目指す思想ではないということが、ここにも端的《たんてき》に示されています。

また、十神力についても、現代のわれわれが納得できるような合理的解釈が、この章でなされていますね。

――はい。この章で池田会長は、「十神力の説法を聞くと、あまりにも荒唐《こうとう》無稽《むけい》な感じがするかもしれない。しかし、あくまでも『生命の世界』の真実を象徴的に示そうとしたものです」（下巻一四三〜一四四ページ）と捉えています。

そして、「御義口伝《おんぎくでん》」の「神力品八箇《はっか》の大事」で、「舌が『広い』のは十界《じっかい》のすべての衆生《しゅじょう》を広く救えるという意味であり、舌が『長い』のは久遠《くおん》以来の妙法であるという意味を示す」と解釈されていることを踏まえ、釈尊や諸仏が放った「無量の光」について、次のように解釈しています。

「我らも光っていくのです。『信心』の心を本当に燃やせば、全生命が光るのです。人格が光るのです。智慧が光るのです。希望が光るのです。そして、人をも照らせるのです」（下巻一四四ページ）

佐藤　日蓮大聖人や池田会長のそのような解釈に、私は仏法の「中道《ちゅうどう》」精神を感じます。つまり、経文《きょうもん》の荒唐無稽な話を歴史的事実として捉えないのはもちろん、単なるおとぎ話として全否定するスタンスでもなく、その間の中道を選んでいるからです。十神力を「『生命の世界』の真実を象徴的に示そうとした」文学的表現と捉えれば、現代においても、経文の内容を否定することなく、そのまま生かすことができるわけです。

池田会長のそうした姿勢は、この十神力についてのみならず、法華経全体についても貫かれています。例えば、『池田大作全集』第二十四巻に収録された『諸法実相抄《しょほうじっそうしょう》講義』――これは一九七〇年代に行われた御書講義を収録したものですが――には、『法華経』の「虚空会《こくうえ》の儀式」についての、次のような一節があります。

「これが三千年前のインドで、現実に起こった事実であるということは、とうてい納得できない。大勢の人々がそのままで空中に浮かぶということ自体、あまりにも非現実的であるし、多宝の塔についても、高さ五百由旬《ゆじゅん》、タテ、ヨコ二百五十由旬と記されている。五百由旬とは、計算の仕方によっても違いますが、小さいほうでとっても、地球の半径の長さになる。

では、法華経に説かれていることは、空想の産物であって、ただの作り言《ごと》にすぎないのかといえば、それは大きい誤りであります。これを、どのように考えるべきか、という問題であります。

端的に言えば、釈尊が自《みずか》ら悟《さと》ったところのものを説くのに、虚空会の儀式という形でしか表現することができなかったがゆえに、このような超現実的ともいえる形式をとったのであります。

戸田先生が、法華経の荘厳《そうごん》な儀式をさして『釈尊己心《こしん》の儀式である』と言われたのは、この意味であります」

経文を否定せず、その時代に即した形で生かしていく——そうした姿勢は池田会長らしいと感じます。仏典に限らず、マルクスの著作や他宗教の経典など、一見、われわれを取りまく現実と相いれない面を持つ書物についても、その内容を自在に引用し、池田思想を構築する素材の一部として生かしていくのが、会長の一貫した姿勢であるからです。

また、もう一歩立ち入って解釈するならば、荒唐無稽に思えた如来神力品の十神力も、科学の進歩によってある面では現実に近づいたと言えるかもしれません。

——と、おっしゃいますと？

佐藤　池田会長はこの章で、十神力について、末法における広宣流布《こうせんるふ》の広がりを象徴的に表現したものと捉えていますね。その意味では、現代において、インターネットなどによって世界中に瞬時にして池田会長のスピーチや御書講義などを広めていけること自体、ある意味では「仏が広く長い舌を出すと、天まで届いた」とか、「諸仏の放つ光が十方世界を照らした」ということに近いような気がするのです。

仮に、釈尊在世の古代インドの仏弟子が現代にタイムスリップして、ネットや衛星放送、飛行機などによる広宣流布の進展を目の当《ま》たりにしたならば、「これぞまさしく、世尊《せそん》の言われた十神力だ！」と思ったことでしょう。「高度に発達した科学は魔術と見分けがつかない」という、ＳＦ作家のアーサー・Ｃ・クラークの名高い言葉のように。

――なるほど。

「生命論的な法華経解釈」の系譜

佐藤　この章では「神力」について、池田会長がさらに踏み込んだ解釈を展開しています。少し長い引用になりますが、次の部分です。

『十神力』のような、〝人間ばなれ〞した説法も、日蓮大聖人はすべて、『人間生命』の現実に即して説明してくださっている。

生命論で言えば、『如来神力』の『如来』とは『宇宙生命』そのものであり、したがって『一切衆生の生命』そのものである。『如来とは一切衆生なり寿量品《じゅりょうほん》の如《ごと》し』（新版一〇七二ページ・全集七七〇ページ）です。そして『神力』とは『神《たましい》の力』であり『生命の力』である。なかんずく『仏界の大生命力』のことです。生きとし生けるものに本来、具《そな》わっている宇宙大の生命力を『如来神力』というのです。

この大生命力を地涌《じゆ》の菩薩が発揮して、『広宣流布』をしていく。その広宣流布というのも、この『如来神力』という大生命力を一切衆生に自覚させることです。

すなわち『地涌の菩薩』の拡大であり、『人間革命の連鎖』であり、『幸福拡大運動』です。その広宣流布の姿を先取りして示したのが、この『十神力』の説法です」

（下巻一五二〜一五三ページ）

十神力とは「生命の世界」の文学的表現である、という捉え方をまず前提として話したうえで、池田会長はさらにストレートに、〝神力とは生命力のことである〟という解釈をここで提示したわけです。

――「仏の舌が天まで届いた」などという、一見荒唐無稽に思える十神力の描写も、実は生命力の途方もない偉大さの表現なのだということですね。

佐藤　そうです。考えてみれば、法華経それ自体が、生命の尊《とうと》さ、偉大さを繰り返し賛嘆《さんたん》する長大な経典と言えます。そして、その偉大さを強調するために、過剰《かじょう》とも思えるほどの表現が繰り返し登場するわけです。そのように、法華経の超現実的な描写をことごとく生命の偉大な力の表現と見ること――いわば「生命論的な法華経解釈」

が、池田会長の法華経観の最大の特徴だと言えるでしょう。

そして、それは池田会長一人の独創ではありません。「日蓮大聖人はすべて、『人間生命』の現実に即して説明してくださっている」という一節を先に引いたように、「生命論的な法華経解釈」は、日蓮仏法のなかにすでに息づいていたものなのです。御書のなかでも「御義口伝」などには特に顕著《けんちょ》です。それが創価学会三代の会長にも継承され、現在の創価学会教学の核の部分にも受け継がれているのだと思います。

——確かに、「仏とは生命である」という戸田第二代会長のいわゆる「獄中《ごくちゅう》の悟達《ごだつ》」から、戦後の創価学会は出発していますからね。

佐藤　おそらく、同様の思想は牧口初代会長にもあったと思いますが、戸田会長の場合、自らの極限的な体験のなかで確信をつかんだという点で、よりいっそう重い意味を持つのでしょう。

日蓮大聖人に端を発する「生命論的な法華経解釈」の系譜《けいふ》の、アンカーともいうべき存在が池田会長なのではないでしょうか。

（以下次巻）

ら行

ま行

や行

な行

は行

た行

さ行

か行

索引

あ行

著者略歴

佐藤優（さとう・まさる）

1960年、東京都生まれ。同志社大学大学院神学研究科修了後、専門職員として外務省に入省。在ロシア日本大使館に勤務し、主任分析官として活躍。2002年、背任と偽計業務妨害容疑で逮捕、起訴され、09年6月執行猶予付有罪確定。13年6月執行猶予満了し、刑の言い渡しが効力を失った。著書に、大宅壮一ノンフィクション賞を受賞した『自壊する帝国』（新潮文庫）、毎日出版文化賞特別賞を受賞した『国家の罠』（新潮文庫）、『宗教改革の物語』（角川ソフィア文庫）、『池田大作研究』（朝日新聞出版）、『創価学会を語る』（松岡幹夫との共著／第三文明社）、『佐藤優の「公明党」論』（第三文明社）など多数。第10回安吾賞、第68回菊池寛賞、第8回梅棹忠夫・山と探検文学賞受賞。

希《き》望《ぼう》の源《げん》泉《せん》・池《いけ》田《だ》思《し》想《そう》——『法《ほ》華《け》経《きょう》の智《ち》慧《え》』を読《よ》む　6

2023年10月31日　初版第1刷発行

著　者　佐藤《さとう》優《まさる》
発行者　大島光明
発行所　株式会社　第三文明社
東京都新宿区新宿1-23-5　〒160-0022
電話番号　03(5269)7144（営業代表）
03(5269)7145（注文専用）
03(5269)7154（編集代表）
振替口座　00150-3-117823
URL　https://www.daisanbunmei.co.jp/
印刷所　図書印刷株式会社
製本所　牧製本印刷株式会社

ISBN 978-4-476-03419-6